Karaté - Initiation

© Budo Éditions, 2014
tous droits réservés

Directeur de collection : Thierry Plée - *Textes* : Stéphane Fauchard - *Correcteurs* : Claude et Nicole Fauchard - *Photos* : Muriel et Stéphane Fauchard, avec la participation d'Axelle et d'Alexandre et D.R. - *Conception* : Éditions de l'Éveil - *Imprimerie et brochage* : Book Partners China Ltd.

1-3000-BPC-09/14–2-3000-BPC-02/18

« Toute représentation ou reproduction intégrale ou partielle faite sans le consentement de l'auteur ou de ses ayants droit ou ayants cause est illicite. Il en est de même pour la traduction, l'adaptation ou la transformation, l'arrangement ou la reproduction par un art ou un procédé quelconque. » (Art. L.122-4 du Code de la Propriété intellectuelle)

Aux termes de l'article L.122-5, seules « les copies strictement réservées à l'usage privé du copiste et non destinées à une utilisation collective » et, sous réserve que soient indiqués clairement le nom de l'auteur et la source, les analyses et les courtes citations dans un but d'exemple et d'illustration, sont autorisées.

La diffusion sur internet, gratuite ou payante, sans le consentement de l'auteur est de ce fait interdite.

ISBN Édition papier : ISBN 978-2-84617-308-7
ISBN Édition PDF : ISBN 978-2-84617-534-0

Stéphane FAUCHARD

Tout pour bien commencer sa pratique

LES INFORMATIONS ET LES CONSEILS INDISPENSABLES
AUX 2 PREMIÈRES ANNÉES D'APPRENTISSAGE

BUDO ÉDITIONS
77123 Noisy-sur-Ecole, France

Remerciements

- Minh Dack, Fabrice Fourment, Hiroyuki Fuse, Maurice Portiche, Guy Sauvin, Yoshitoshi Sato et Alain Setrouk pour avoir accepté d'être présents dans ce livre.
- Mme Sachiko Kase pour m'avoir autorisé à reproduire les photos de son père Taïji Kase.
- Mme Nakayama pour m'avoir autorisé à reproduire les photos de son mari Masatoshi Nakayama.
- Xavier Servolle pour ses photos (page 22 et pages 123 à 127) prises lors des championnats du monde (2008 et 2010), d'Europe (2010) et de l'Open de Paris (2011).
- Éric Fournier pour sa photo de compétition *Shôrin*.
- Carine Vias pour sa photo au dojo de Higaonna *sensei* (page 52).
- David Robert pour sa photo de Taekwondo (page 20).
- Bernard Cousin et Miguel Da Luz pour leur aide à Okinawa.
- Muriel Fauchard pour son soutien indéfectible.
- Choki Yara et Tsukasa Miyazato du Hombu dojo Seiryukan de Kosuke Miyazato.
- Axelle Fauchard pour ses photos au dojo de Miyazato *sensei* (pages 17 et 18).

Les portraits des maîtres Itosu et Matsumura sont des peintures originales de Bahram Rohani.
L'estampe du samouraï est du maître Yoshitoshi (1839-1892).

Aux sources du *karate-dô*

Les carnets des voyages martiaux au Japon et à Okinawa de Muriel et Stéphane Fauchard sont disponibles sur le site suivant :

www.ecoledekaratedo.com

Contacts

ecoledekaratedo@free.fr

Notions de lecture

Les sons de la langue japonaise se trouvent dans la langue française. La prononciation des mots japonais ressemble donc à la prononciation du français. À quelques exceptions près…

- le « u » se prononce « ou ».
- « an », « en » et « in » se prononcent « ane », « ène » et « ine » comme dans panne, gène et fine.
- « on » se prononce la plupart du temps « on » comme dans long.
- « ai » se prononce « ail ».
- le g se prononce toujours comme dans garde.
- En japonais il n'y a pas de [r] et de [l], mais un son entre les deux, plus proche du [l] que du [r]. Karaté ne se dit pas vraiment karaté, ni même kalaté ! Mais en France c'est karaté, alors continuons à le prononcer ainsi.

« Sh » se prononce comme dans chemin alors que « ch » se prononce « tch » comme dans atchoum.

Lorsqu'ils sont précédés d'un autre mot certains sons changent. Nous les rencontrerons dans les mots suivants qui, quelles que soient leurs écritures, gardent le même sens.
- *tsuki* devient *zuki* (*oi zuki*).
- *kumite* devient *gumite* (*ippon gumite*).
- *keri* devient *geri* (*mae geri*).

Lorsqu'il est associé à un autre mot *keri* se contracte et devient *ke* (*yoko kekomi*).

Compter en japonais

1 - Ichi	2 - Ni	3 - San	4 - Shi	5 - Go
6 - Roku	7 - Sishi	8 - Hachi	9 - Ku	10 - Ju

Lexique

Age	Remontant	*Keri ou geri*	Coup de pied	*Soto*	Extérieur
Bunkai	Analyse	*Ki*	Énergie	*Tate*	Vertical
Dachi	Position	*Kumite*	Assaut	*Te*	Main
Dan	Niveau	*Mae*	Avant	*Tori*	Attaquant
Empi	Coude	*Mawashi*	Circulaire	*Uchi*	Intérieur
Gyaku	Contraire	*Morote*	À deux mains	*Uke*	Défenseur
Haiwan	Dessus du bras	*Shuto*	Sabre de main	*Yoko*	Latéral

Aux sources de l'art...
- Okinawa 9
- Le Japon 12
- L'Occident 13
- La France 14

Le karaté à Okinawa
- Les écoles 16
- Le *kobudô* 17
- Les *budô* 18

Le dojo
- La licence 25

Au club
- Le *karate-gi* 26
- Nouer sa ceinture 28
- Les ceintures 30

Apprendre
- Mon premier cours 31
- Un cours de karaté 32
- Conseils divers 34
- Les blessures 35
- Apprendre 36

L'efficacité
Contrôle ou contact 41

Ceinture jaune

- Zen kutsu dachi   44
- Hachiji dachi   46
- Hikite   47
- Tsuki   48
- Oi zuki   50
- La frappe   52
- Mawatte   53
- Gedan barai   54
- Age uke   56
- Soto uke   58
- Mae geri   60
- Gyaku zuki   62
- Funakoshi *Sensei*   64
- Taikyoku shôdan   66
- Heian shôdan   70
- Kihon ippon gumite   74
- L'examen   75

Ceinture orange

- Ko kutsu dachi   78
- Uchi uke   80
- Shutô uke   82
- Mawashi geri   84
- Uraken uchi   86
- Défense personnelle   88
- Heian nidan   90
- Bunkai   94
- Taikyoku sandan   96
- Kihon ippon gumite   100
- L'examen   101

Ceinture verte

- Kiba dachi   104
- Maete zuki   106
- Assouplissements   107
- Morote uke   108
- Yoko keage   110
- Yoko kekomi   112
- Heian sandan   114
- Kihon ippon gumite   118
- L'examen   119
- Premiers combats   120

La compétition

- L'arbitrage   124

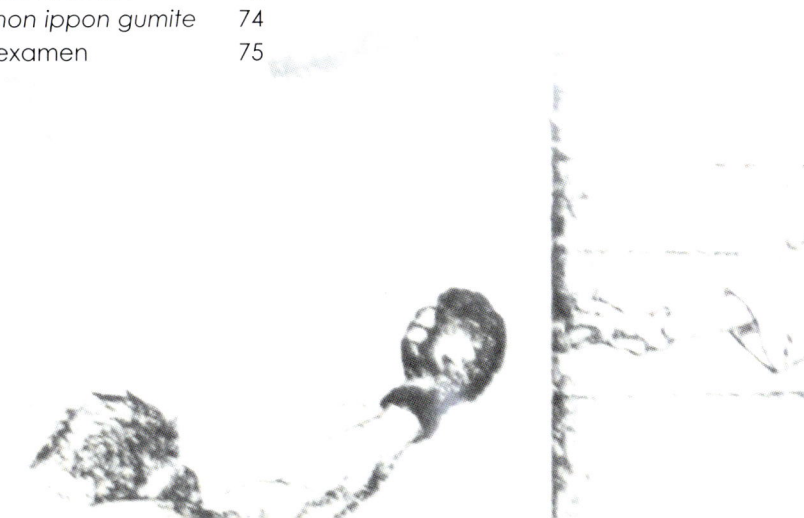

Aux sources de l'art...

Okinawa - 沖縄

Le karaté est un art martial originaire de l'île d'Okinawa située au sud du Japon. Il provient d'un système de combat okinawaïen (le *tî*) auquel se sont ajoutés des apports techniques provenant d'arts martiaux chinois (*wushu, taiji quan*). Ces apports ont été facilités par les nombreux échanges commerciaux et culturels qui ont eu lieu entre la Chine et Okinawa. D'ailleurs, de nombreux vestiges de la culture chinoise sont toujours présents dans l'île. Un jardin chinois, le *Fukushu-en*, a été construit à Naha en souvenir de la venue d'une délégation composée de 36 familles chinoises en 1393 et de leur installation sur l'île de Kume.

Dragon - Fukushu-en Naha - Okinawa

Le *tî* - 手 (ティー) [1]

Ce dessin du XIXe siècle est le plus ancien document existant à faire référence au *tî*, le premier nom donné aux techniques de combat pratiquées dans l'île.

La scène se passe dans une maison de thé (un bar avec hôtesses de nos jours). Les clients sont visiblement éméchés. L'un d'entre eux est soutenu par une hôtesse. Face à lui, un homme se tient en garde de combat, un poing en *hikite*, l'autre main en protection (*teishô uke* ou *tate shutô uke*). Cherche-t-il à impressionner l'adversaire ou la confrontation a-t-elle déjà eu lieu ?

[1]. Il s'agit de la prononciation de 手 (*Te*, la main) en okinawaïen.

Okinawa

Sokon Matsumura
Un maître à l'origine du *shurite*

Les *peichin* - 親雲上

La caste guerrière des *peichin* était l'équivalent okinawaïen des samouraïs japonais. Ils occupaient des fonctions militaires, de police ou dans la garde royale. Par nécessité, cette caste de guerriers développa les arts martiaux okinawaïens : le *tî*, puis ce qui s'appela le *tode* (la main de Chine) à la suite d'emprunts dans les arts martiaux chinois (*wushu*).

Shuri-jô - 首里城

Dans la deuxième moitié du XIXe siècle plusieurs maîtres de *Tode* se trouvaient dans l'entourage du Roi des Ryû Kyû, et défendaient le château de Shuri.
Matsumura *sensei* occupait les fonctions de chef de la garde royale. Kosaku Matsumora et Kohan Oyadomari, deux maîtres dont l'héritage technique perdure, faisaient partie de cette garde. Yasutsune Itosu était le secrétaire particulier du Roi. Seisho Arakaki était interprète au palais. Chofu Kyan, dont le fils participa à la réunion du 25 octobre 1936, était le Chambellan (1er ministre - chef d'état-major).
Les techniques de combat pour la protection du suzerain se sont améliorées dans cet environnement propice. Les échanges entre experts étaient nombreux, le but de tous étant identique : améliorer la protection et la sécurité du Roi.
Des rencontres avec des marins chinois pratiquant le *wushu* furent des occasions pour enrichir et parfaire les connaissances. Dans ces conditions, le *Tode* prit un essor extraordinaire.

Le *Shuri-jô* (Château de Shuri) est entouré d'une enceinte fortifiée. De nombreuses portes permettent d'accéder au bâtiment principal, le *Seiden* (en photo page 77). Il servit de quartier à l'état-major japonais durant la seconde guerre mondiale. Il fut totalement détruit en avril 1945, par les bombardements américains. Il a été reconstruit à l'identique en 1992 à la suite d'une souscription publique.

Okinawa

Yasutsune Itosu

À l'école

Au début du XXe siècle, Yasutsune Itosu, l'ancien secrétaire particulier de Sho Tai, le dernier roi d'Okinawa, réussit à introduire officiellement le karaté dans le programme des écoles. À partir de ce moment, le karaté cesse d'être un art de combat enseigné secrètement à des initiés.

Yasutsune Itosu a créé les katas *Heian*, dont les trois premiers sont présentés dans ce livre. Il a modifié ou créé de nombreux autres katas, dans le but de les rendre accessibles à tous et d'en développer la dimension gymnique.

Au Japon

En 1922, un instituteur okinawaïen, Gichin Funakoshi, s'installe à Tokyo pour y enseigner le karaté qui y est inconnu. Il parvient à en développer l'enseignement et la diffusion après des débuts difficiles.

Considéré par certains comme le père du karaté moderne, son portrait est souvent affiché dans les dojos qui pratiquent son style, le *shôtôkan*.

Gichin Funakoshi

De G à D - Debout : *Shinpan Gusukuma, Tsuyoshi Chitose, Choshin Chibana, Genwa Nakasone* - Assis : *Chotoku Kyan, Kentsu Yabu, Chomo Hanashiro, Chojun Miyagi.*

Le 25 octobre 1936

Sept maîtres représentant diverses tendances du karaté d'Okinawa se réunissent, à l'initiative de Genwa Nakasone, pour tenter de définir une attitude commune face à l'évolution du karaté et au succès de G. Funakoshi au Japon. À l'issue de cette réunion, les idéogrammes 唐手術 (*tode* ou *karate-jûtsu* - techniques de la main chinoise) sont abandonnés au profit de 空手道 (*karate-dô* - la voie de la main vide). Le *karate-gi* est adopté pour tous les styles de karaté.

Le Japon

Le *karate-gi* - 空手着

Tokyo, juin 1922, Jigoro Kano, fondateur du judo, invite Gichin Funakoshi à son *dojo*, le *Kodokan*.
L'occasion est formidable pour promouvoir le karaté. Gichin Funakoshi s'interroge sur la tenue à adopter lors de cette présentation devant les plus haut gradés du judo. En prenant pour modèle une tenue de judo (*jûdôgi*), il confectionne deux tenues auxquelles il ajoute quatre lanières pour tenir les pans de la veste fermés.

Chojun Miyagi donne un cours de karaté *Gôjû ryû* à des enfants. On peut remarquer que certains d'entre eux ont déjà adopté le *karate-gi*, alors que d'autres s'entraînent avec leur uniforme d'écolier.

Le 4 juin 1922, il se rend, accompagné de Shinkin Gima au *Kodokan*. Sa démonstration devant plus de deux cents judokas est un succès. Funakoshi exécute son kata favori, *Kusanku* et Gima, *Naihanchi*. Ensuite, ils démontrent les applications de ces katas [1]. Jigoro Kano l'invite à rester au Japon. Les premiers élèves japonais de Funakoshi *sensei* adopteront le *karate-gi* et le populariseront. Cette tenue d'entraînement s'imposera partout, y compris à Okinawa dès 1936.

Masatoshi Nakayama

La JKA se partage le monde !

En 1947, Masatoshi Nakayama fonde une association du nom de Japan Karate Association. Gichin Funakoshi en est le premier directeur technique. Dans son dojo, Nakayama *sensei* forme et prépare une élite de karatékas destinés à devenir des enseignants professionnels. Leur mission est de diffuser le karaté dans le monde entier : Taïji Kase en France, Satoshi Miyazaki en Belgique, Hidetaka Nishiyama au Canada et aux États-Unis, Hideo Ochi en Allemagne et Horoshi Shirai en Italie.
En l'espace de trente ans, le karaté s'est propagé sur les six continents : mission accomplie !

[1]. voir pages 94 et 95 - *Bunkai*

L'Occident

En France

Un pratiquant et professeur de judo, français, Henry Plée, lit, dans le numéro du 13 octobre 1947 du magazine américain *Life*, un article sur un art martial japonais à l'efficacité remarquable. Il débute le karaté avec Fukuda Rikutaro, un japonais vivant à Paris qui lui traduit déjà la revue de judo du *Kodokan* [1]. Puis il se documente et ouvre, en 1953, le premier dojo de karaté en Europe, à Paris. Le premier japonais à enseigner dans son dojo fut Hiroo Mochizuki, venu en France avant d'entamer des études de vétérinaire. Par la suite, il fera venir les premiers maîtres japonais en France : Tetsuji Murakami, Tsutomu Oshima, Taïji Kase, Yoshinao Nanbu, Kenji Tokitsu… Grâce à Henry Plée le karaté français prit un formidable essor.

Henry Plée, 10ᵉ *dan*

Taïji Kase, 9ᵉ *dan*, à la fin des années 50

Puis en Europe

En Suisse, la venue de Tetsuji Murakami (*shôtôkan*) en 1956 permet au karaté de s'implanter sous l'impulsion de Bernard Cherix.

Le premier maître japonais à enseigner en Belgique fut Mitsusuke Harada (*Shôtôkai*). Puis Taïji Kase s'y arrêta six mois avant de retourner au Japon pour ensuite revenir en 1967 en Italie puis au dojo parisien de Henry Plée. Mais le karaté belge prend son envol avec l'arrivée en 1967 d'un homme, Satoshi Miyazaki qui forme de nombreux karatékas. Miyazaki *sensei* s'installe en Belgique et y enseigne le Shôtôkan pendant plus de vingt-cinq ans.

En Amérique du Nord

Les G.I.'s découvrent le karaté lors de l'occupation américaine du Japon. En 1952, l'armée envoie vingt-quatre professeurs d'éducation physique se former aux arts martiaux. Durant l'année 1953, Gichin Funakoshi et ses disciples font une tournée de démonstration dans plusieurs bases implantées sur le sol japonais. Hirokazu Kanazawa est le premier à partir enseigner aux États-Unis à Hawaï en 1961. Puis Tsutomu Oshima et Hidetaka Nishiyama s'installèrent durablement aux États-Unis.

Un Canadien d'origine japonaise, Masami Tsuruoka étudie durant les années 40 auprès de Tsuyoshi Chitose, puis ouvre son dojo à Toronto en 1957.

[1]. voir page 12

Les débuts du karaté français
(Guy Sauvin, 8ᵉ *dan*, DTN de 1966 à 1996)

« En l'espace de trente ans, le karaté français passe de 6 000 licenciés en 1966 à près de 200 000 en 1996. Le titre de champions du monde par équipe en 1972 eut quelques articles en pages intérieures du journal *L'équipe*, mais les retombées en nombre de licenciés se font tout juste sentir au niveau des clubs.

C'est un autre phénomène, extra sportif, qui va donner un formidable essor au karaté en Europe et plus particulièrement en France. Bruce Lee, un jeune pratiquant de kung-fu, arrive sur les écrans de cinéma dans les années 70. L'engouement est immense. Un large public frappe à la porte des dojos. Les écoles de cadres que j'avais mises en place forment les futurs enseignants.

1972 - Championnats du monde
Guy Sauvin obtient un *ippon*.

1972 - Championnats du monde
Alain Setrouk tente un balayage.

Une bonne organisation fédérale, avec un véritable réseau de structures départementales et régionales, ainsi que l'implantation déjà importante du judo sur le territoire français permettront d'accueillir plus de 50 000 nouveaux licenciés en cinq ans. En effet, de nombreux clubs se créent et les nouveaux pratiquants trouvent parfois une petite place dans des dojos de judo déjà existants. Le karaté français débute une phase d'expansion qui va durer vingt-cinq ans. »

La France

Actuellement

Le karaté est le 10e sport le plus pratiqué au monde. En effet, pas besoin d'infrastructures ou d'équipements coûteux. Le karaté peut se pratiquer en short, en extérieur ! Pour ceux qui crieront au scandale à l'évocation d'une telle tenue, je les renvoie à l'origine du *karate-gi* développée au début de cet ouvrage. Et puis, s'il faut choisir entre pratiquer avec les moyens du bord et ne pas s'entraîner, optez pour la première solution.

En France

La fédération française (FFKDA) compte environ 230 000 licenciés dont 190 000 pratiquants de karaté. À ce nombre, s'ajoutent les karatékas licenciés dans d'autres fédérations multisports ou non-licenciés. Il est donc bien difficile d'évaluer précisément le nombre de pratiquants français. Il serait aux alentours de 250 000. Il y a environ 20 000 licenciés en Belgique et 13 000 en Suisse.

Des hommes, des femmes et des enfants

Alors qu'à ses débuts le karaté n'était pratiqué principalement que par des hommes, on assiste depuis les années 80 à une arrivée régulière des femmes dans les dojos. Elles représentent actuellement, près de 30 % des effectifs.
Les enfants ont fait aussi une arrivée en force et représentent près des 2/3 des licenciés.

Des abandons

Art martial ou sport de combat, le karaté est une discipline qui demande de la volonté et une bonne dose de persévérance. Durant les premiers mois de pratique, plus de 30 % des nouveaux arrivants abandonnent. Seuls quelques-uns atteindront le niveau de la ceinture noire appelé aussi 1er dan.

Minh Dack - 6 fois champion de France kata
Vice champion d'Europe et vice-champion du monde

Le karaté à Okinawa

Les différentes écoles de karaté, les *ryû* - 流

Un des buts de la pratique du karaté est de pouvoir se défendre ou protéger ses proches en cas d'agression. Or, selon les enseignants, les pays et les cultures, le combat s'apprend de différentes manières. C'est pour cette raison qu'il existe différentes écoles appelées, au Japon, *ryû*.

Chaque *ryû* possède ses propres progressions techniques, ses propres katas, ses exercices particuliers. Les principes à acquérir pour devenir un combattant efficace sont pourtant les mêmes, quelles que soient les écoles. Seuls les moyens pour y parvenir diffèrent. Ainsi, il est bien difficile de déterminer le style d'un pratiquant, juste en le regardant combattre. Les *ryû* ont été créées par des experts qui ont voulu transmettre un savoir-faire accumulé à travers des expériences et des rencontres. Les plus anciennes sont issues de la pratique du combat réel, mais aussi de rencontres entre experts. C'est pourquoi il est nécessaire de présenter le parcours du fondateur d'une *ryû* pour mieux comprendre l'enseignement qui y est dispensé, le style qui s'y est exprimé.

Les cinq principales *ryû* japonaises sont le *Shôtôkan*, le *Shitô-ryû*, le *Gôjû-ryû*, le *Wadô-ryû* et le *Kyokushinkai*.

À Okinawa, il existe de nombreuses écoles qu'on peut regrouper sous trois grandes tendances : le *Shôrin-ryû*, le *Kobayashi-ryû* et le *Gôjû-ryû*. Certaines ont conservé leur originalité comme le *Shôrinji-ryû* et le *Ryuei-ryû* ou leurs influences chinoises comme le *Uechi-ryû*, le *Pangai noon*, le *Kingai-ryû*.

Le *Shôtôkan* - 松涛館

Gichin Funakoshi aimait se promener sur l'île d'Oyonama, proche de Naha. Il appréciait « le bruit du vent dans les pins » (*shôtô*). C'est d'ailleurs de ce nom de plume qu'il signait les poèmes qu'il écrivait. Lorsqu'en 1937, ses élèves japonais lui construisent son premier dojo, ils le baptisent *Shôtôkan*, la maison de *Shôtô*. Cependant Funakoshi *sensei* se refusa toujours à créer son propre style. Il considérait qu'il n'y avait qu'un karaté, avec, certes, différentes sensibilités. D'ailleurs, il enseignait des katas provenant des différentes écoles okinawaïennes.

Après son décès, une partie de ses élèves dénommèrent leur pratique du nom du premier dojo du maître, le *Shôtôkan*.

Ce style puissant, aux positions longues et basses a surtout été élaboré et enseigné par son fils, Yoshitaka Funakoshi.

L'île d'Oyonama est devenue un quartier de Naha. À l'initiative de Meityo Tatetsu, elle accueille depuis 2007 un monument à la mémoire de Gichin Funakoshi, sur lequel est gravé le *kyôkun* (précepte) *Karate ni sente nashi*, il n'y a pas d'attaque en karaté.

Le *kobudô* d'Okinawa 沖縄古武道

Cet art martial ancien comprend le travail de diverses armes dont certaines sont des outils : le *nunchaku* (un fléau à riz) et l'*eku* (une rame). Certaines écoles de karaté comprennent l'enseignement d'une ou de plusieurs armes dans leur programme technique.
À Okinawa, le *kobudô* était enseigné en parallèle avec le karaté. Discipline à part entière, il n'est cependant pratiqué que par des karatékas.

C. Yara, 8ᵉ dan Funakoshi Shorin ryu dans l'exécution d'un kata de bo. Le bo est un bâton de chêne de 1,80 m.

H. Fuse, 6ᵉ dan de iaidô

Les *sai* sont utilisés à l'origine par les policiers pour se protéger des attaques au bâton.

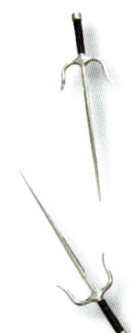

Les *tunkuwa* sont aussi appelés *tonfa*. Traditionnellement ils s'utilisent par paire.

Le *nunchaku* est très dangereux. Il nécessite une excellente maîtrise.

Un art de vivre - 道

Karate-dô, jûdô, aikidô, iaidô (katana), *kendô* (sabre en bambou), *kyûdô* (tir à l'arc), tous ces *budô* se terminent par le *kanji dô* (道) qui se traduit par « la voie ». Cependant, sa signification est plus complexe.
Le pratiquant qui s'engage dans un art martial s'impose une discipline : régularité dans l'entraînement et volonté de réussir, de se surpasser, de progresser, de se maîtriser. Il vit à chaque entraînement des situations difficiles : réagir à une attaque franche et déterminée, affronter le regard de l'autre lors de la présentation d'un kata devant ses partenaires d'entraînement, se dépasser physiquement… Peu à peu, sa pratique change sa manière d'être au quotidien. Il aborde et résout les problèmes différemment. Il maîtrise ses émotions. Il apprend à réagir vite et bien et pour cela met en place des stratégies, en combat comme dans sa vie professionnelle ou de tous les jours.
Le *Dô* est donc la voie de celui qui cherche à se connaître, à vivre en harmonie avec lui-même et la Nature, à atteindre une certaine sagesse.

Les *budô*

T. Miyazato, 8ᵉ dan Funakoshi Shorin ryu, dans le kata Chinti.

Un sport ou un art martial ?

Le karaté s'est diffusé à partir de 1965 à travers le monde entier. Il a évolué vers un sport de combat populaire. Actuellement il est principalement pratiqué comme tel.

Cependant, quelques dojos continuent d'enseigner un karaté authentique, imprégné de l'esprit des *budô* japonais.

Dès la période sportive la pratique du karaté peut et même doit s'envisager pour la vie, sous sa forme martiale. L'entraînement ne doit causer aucun traumatisme grave. Le karaté martial permet de renforcer le corps et l'esprit.

Le zen et la pratique martiale

Le zen est arrivé au Japon à la fin du XIIᵉ siècle en provenance de Chine. Cette école philosophique japonaise prône le détachement vis-à-vis des biens et des plaisirs terrestres. Elle demande à ses disciples d'être présents dans toutes les actions de la vie, aussi insignifiantes soient-elles. De cette pratique découle un art de vivre qui a été largement adopté par la caste guerrière japonaise des samouraïs. Ces derniers servaient un seigneur, le *daïmio*. Les conflits, les duels et les guets-apens étaient nombreux. Le dévouement des samouraïs envers leur *daïmio* et leur clan pouvait aller jusqu'au sacrifice de leur vie, qu'il pouvait perdre à tout moment.

Tomoe-Gozen femme samouraï.

Aussi, le zen, qui enseignait le détachement doublé d'une vigilance permanente, fut une aide spirituelle importante pour ces hommes qui n'avaient d'autre choix que de vaincre ou de mourir. Il leur donna sérénité, détermination et maîtrise émotionnelle face à la mort et en fit de redoutables combattants.

Dans le cadre d'une pratique martiale, cet état d'esprit est celui qu'il faut rechercher. Il vous donnera cette unité d'action entre le corps et le mental nécessaire dans le combat. Vous devez mettre une intention dans toutes vos techniques ; votre coup de poing n'est pas un geste anodin, mais une attaque contre un adversaire. Visualisez cet adversaire, ou tout au moins ses blocages, ses attaques. Cette forme d'entraînement n'est pas aisée, puisqu'elle vous oblige à rester continuellement présent psychiquement. Elle représente la dimension mentale de l'enseignement martial du *karate-dô*.

Le *jûdô*, le premier d'entre tous

Créé à la fin du XIXe siècle par Jigoro Kano et introduit en France dès les années 1920, le *jûdô* peut être comparé à une forme de lutte. Il se pratique dans un dojo, sur des tatamis.
Il comprend des projections, des balayages, des clefs articulaires et de la lutte au sol. L'objectif en combat est de projeter l'adversaire sur le dos, de l'immobiliser au sol ou de le contraindre à l'abandon à l'aide d'une clef ou d'un étranglement. Les coups de poing et de pied ne font plus partie du judo moderne.

Jûdô : les maîtres Mifune et Kano

Le *jûjutsu* ou *jujitsu*

Il s'agit tout simplement du judo des origines. Le *jujitsu* propose des réponses à différents types d'agression, et comprend des coups de pied et de poing (*atemi*), des clefs articulaires et bien sûr des projections.
Il existe diverses formes de compétition de *jujitsu*. L'école brésilienne de *jujitsu* a développé une pratique particulièrement efficace qui fait la part belle au combat au sol.

L'*aikidô*

La synthèse de diverses écoles de *jûjutsu* réalisée par Morihei Ueshiba prit le nom d'*aikidô* en 1931.
Combattant exceptionnel qui s'était mis en valeur lors de la guerre russo-japonaise de 1905, Ueshiba *Sensei* releva de nombreux défis sans jamais en perdre un seul.
L'*aikidô* est basé sur les principes de non-opposition, d'utilisation de la force de l'adversaire pour la retourner contre lui-même. Les clefs articulaires, suivies de chutes, les contrôles mais aussi les *atemi* y sont utilisés. L'*aikidô* se pratique donc en dojo. Il n'y a pas de compétitions dans cet art martial.

Morihei Ueshiba

Les budô

Le *taekwondo*

Originaire de Corée, le *taekwondo* ou voie du pied et du poing, fut découvert par le grand public lors des Jeux olympiques de Séoul en 1988. Il fut créé au début des années 50 à partir d'une base de karaté japonais et de pratiques locales de combat.

Le *taekwondo* est une boxe pieds / poings qui comprend aussi une pratique de formes appelées *pomsee* (katas). En compétition, les combattants sont protégés par un casque et un plastron. Seuls les coups de pied sont comptabilisés. Les coups de poing sont donc absents des échanges qui peuvent aller jusqu'au K.-O.

Les boxes

La boxe française, le kick boxing ou boxe américaine, le full contact, la boxe thaïlandaise sont des formes de boxes pieds et poings dont les rencontres se déroulent sur un ring. Les règles varient selon les disciplines : les coups dans les cuisses, les coups de coude sont autorisés ou non… La finalité de ces boxes étant la compétition elles ne sont pas des arts martiaux, même si l'entraînement peut sembler similaire et leur efficacité être redoutable. On peut noter l'effort de la boxe française qui, à travers la savate-défense, essaye de relancer la dimension martiale d'une pratique qui comptait deux millions d'adeptes en 1900.

Sur cette planche du Petit Larousse illustré de 1910, on peut remarquer plusieurs similitudes techniques entre le karaté et la savate.

Le *kung-fu wushu* et le *taijiquan*

Maurice Portiche, maître en Taiji martial, vit en Chine, aux sources même de l'art.

Popularisé par Bruce Lee au début des années 70, puis par David Carradine dans la série télévisée *kung-fu*, les différentes écoles d'arts martiaux chinois proposent des pratiques variées. Il existe de très nombreuses écoles qui se répartissent en deux grands courants appelés arts externes et arts internes.

La pratique externe est souvent appelée *kung-fu*. Elle ressemble au karaté qu'elle a d'ailleurs influencé. Les techniques employées sont des formes beaucoup plus circulaires qu'en *shôtôkan*. Une large place est laissée au travail des armes. Elle comprend aussi des clefs articulaires (*china*) ainsi que des projections et de la lutte.

La pratique interne est connue sous le nom de *taijiquan* (ou *taïchi-chuan*), la boxe du faîte suprême. Contrairement à une idée répandue, le *taijiquan* n'est pas uniquement une pratique de santé. Il est en premier lieu un art martial dont l'objectif est d'être efficace en combat. Bien peu de personnes pratiquent actuellement le *taijiquan* dans cet état d'esprit, y compris en Chine.

Le phénomène Bruce Lee

En 1971, un film d'un genre nouveau débarque sur les écrans : *Big boss* révèle un jeune acteur, expert en *kung-fu wushu*, du nom de Bruce Lee. Très vite, il impose son style et fait connaître le cinéma d'action chinois. Le succès populaire est immense. Le monde entier est conquis en l'espace de trois films : *Big boss*, *La fureur de vaincre* et *La fureur du dragon*. Le phénomène intéresse Hollywood et la Warner lance une super production : *Opération Dragon*, qui donne pour la première fois le rôle principal à un acteur chinois. Paradoxalement, alors qu'il raille le karaté dans ses films, l'art martial japonais, mieux implanté en Occident, en tire tous les bénéfices. L'engouement est tel que les salles de karaté peinent à accueillir les nouveaux pratiquants.

La fureur de vaincre

Bruce Lee est aussi et surtout un authentique pratiquant de *Wing chung*, un art martial chinois. Il l'enseigne dès 1964 aux États-Unis et de nombreux acteurs comptent parmi ses élèves. Il crée dès 1966 sa propre méthode, le *Jeet Kune Do*, et l'enseigne aux États-Unis. Bruce Lee meurt accidentellement en 1973 à la suite d'une allergie à un médicament.

Le dojo

道場

Dojo : lieu où l'on cherche la voie - 道 場

Il s'agit de la salle d'entraînement où vous allez chercher à progresser tant au niveau physique que mental. Par extension, un dojo représente une école. Il est dirigé par un enseignant qui parfois peut être un *sensei* (à partir du 4e dan).
De nos jours, en France, les entraînements ont lieu bien souvent dans des gymnases. Ces salles de sport accueillent des disciplines variées et un public nombreux au cours de la journée.

Les clubs de karaté peuvent vous proposer une ou plusieurs pratiques :

- l'autodéfense (le karaté est une excellente méthode de défense personnelle).
- la compétition (avec pour objectif d'obtenir des résultats).
- le karaté traditionnel (forger son corps et son esprit tout au long de sa vie, entretenir sa forme physique…)
- le karaté contact (forme de compétition à pleine frappe, avec des gants de boxe et des protections de pied).
- le karaté martial (forger son corps et son esprit, rechercher l'efficacité en combat).
- le body karaté (fitness avec une gestuelle reprenant les techniques du karaté et un accompagnement musical).
- le karaté enfant (à partir de 7 ou 8 ans) ou baby karaté (avant 6 ans).

La bonne attitude !

Un dojo n'est pas une salle de sport comme une autre !
On y vient pour y pratiquer un art martial qui peut se révéler dangereux pour soi ou pour les autres. Aussi, la plus grande attention et le plus grand sérieux vous sont demandés. Le comportement à observer provient de l'ancien code d'honneur des *samouraï*, le *Bushidô*.
On ne peut pas crier, courir en tous sens, ou quitter le cours sans l'autorisation du professeur. Vous êtes au dojo pour y apprendre à combattre, pas pour vous amuser.

Il faut saluer lorsqu'on entre sur le tatami. Ce salut et ceux qui vont suivre [1] marquent le respect que vous éprouvez à l'encontre de vos partenaires et de votre professeur. Ils sont aussi le signe de votre sincérité. Il est important de pouvoir s'entraîner en toute confiance avec les différents partenaires du dojo.
Le karaté est une discipline rigoureuse qui nécessite de nombreux efforts. Jusqu'à l'âge de douze ans, les enfants peuvent se contenter d'un entraînement hebdomadaire. Ensuite, deux à trois cours par semaine sont nécessaires pour faire des progrès significatifs. Vous pouvez compléter votre entraînement en répétant chez vous les techniques apprises en cours [2].

---

[1]. Voir pages 31 et 46 [2]. Voir page 36

Choisir un dojo

Si vous avez cette possibilité vous devez définir la forme de karaté que vous souhaitez pratiquer. Vous prendrez en compte la personnalité du professeur et l'ambiance qui règne dans le club. Ces points sont importants car l'entraînement doit être régulier : deux à quatre fois par semaine pendant de nombreuses années ! Avec le temps, une relation particulière peut se nouer avec un *sensei* qui vous transmettra alors, plus qu'une pratique de combat, un art de vivre.

Un dojo comporte un *kamidana*, reproduction miniature d'un temple. Dans les temps anciens, la salle principale des temples appelée dojo, servait à la pratique des *Budô*, les arts martiaux japonais.

Le dojo de Fuse *Sensei*

Les diplômes de grades du maître sont accrochés au mur. En budôka accompli, Fuse *Sensei* pratique le *karate-dô* (8e *dan*), le *jodô* (7e *dan*), le *iaidô* (6e *dan*) et les *kobudô* d'Okinawa.

Un sac permet de travailler les frappes lourdes !

Ce dojo traditionnel, avec un parquet en bois, est au rez-de-chaussée de la maison du maître dans le quartier de Nerima, à Tokyo. Il n'est pas très grand et seulement quelques élèves sont acceptés. Il comporte un *makiwara*, un sac de frappe, mais aussi une télévision. Fuse *sensei* y dispense des cours de Karaté *Shôrinji* et de *Iaidô*. Kuroki *san* et Kanto *san*, présents sur les photos, fréquentent le dojo depuis plus de quarante ans.

La licence

Lorsque vous vous inscrivez dans un club, vous adhérez à diverses associations. Outre une cotisation, il vous sera demandé un certificat médical de non contre-indication à la pratique du karaté.

L'adhésion

Vous adhérez tout d'abord à un club qui est bien souvent une association à but non lucratif, de type loi 1901. Dans ce cas, l'association est régie par un bureau, possède un président et organise tous les ans une assemblée générale. Vous payez une adhésion, et non des cours.
Il se peut aussi que votre club soit une salle de sport à vocation professionnelle et donc à but lucratif. Dans ce cas, vous payez un service, c'est-à-dire vos cours.

La licence

La licence est tout simplement une adhésion à une autre association, de type loi 1901, qui est une fédération. Elle comprend généralement une assurance qui couvre votre pratique.
L'adhésion à une association ne peut être obligatoire. En prenant une licence dans une fédération, vous pouvez participer aux manifestations organisées par cette fédération : compétitions sportives et stages avec des experts.

La Fédération française de karaté et disciplines associées (FFKDA) a reçu une délégation de pouvoir du ministère des Sports : elle organise les championnats de France, les passages de ceinture noire (dan).

Dans tous les cas, conservez précieusement vos différentes licences. Elles sont les preuves de vos années de pratique. Il vous faudra deux licences pour participer aux compétitions officielles, et un minimum de trois licences pour passer la ceinture noire.
Vous pouvez acheter auprès de votre club un passeport sportif : vous y ferez inscrire vos grades, vos résultats en compétition et vos stages.

L'assurance associée à votre licence est une assurance à minima. La part de votre assurance dans votre cotisation est inférieure très souvent à trois euros, voire beaucoup moins. Je ne peux que vous conseiller de vous tourner vers votre assureur, pour savoir si votre pratique du karaté est couverte par votre assurance responsabilité civile (RC), et dans quelles conditions.

Le *karate-gi*

La tenue d'entraînement s'appelle un *karate-gi*. À tort, elle est bien souvent nommée « kimono », une tenue traditionnelle japonaise.

Les femmes portent un protège-poitrine et un T-shirt blanc sous leur veste.

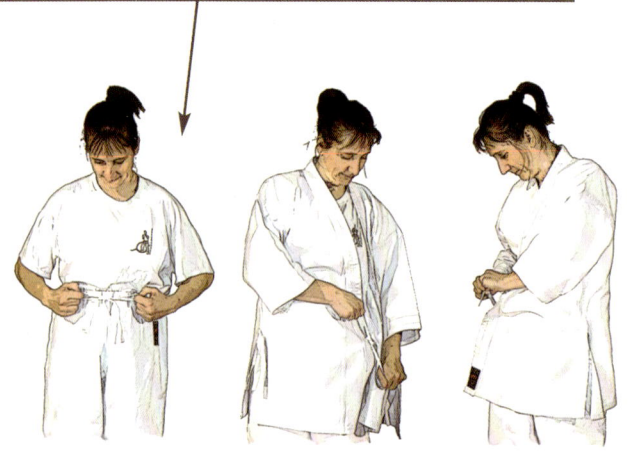

Passez la cordelette dans le passant et faites une boucle.

Attachez votre veste avec les cordelettes prévues à cet effet.

Une jeune japonaise en kimono traditionnel.

Quelle taille choisir ?

Les *karate-gi* sont en coton. Il est donc recommandé d'ajouter 5 cm à votre taille pour effectuer votre choix, car, comme tous les vêtements en coton, ils rétrécissent au lavage.
Si vous êtes de forte corpulence, ou si vous souhaitez porter une tenue ample, ajouter 10 cm à votre taille pour effectuer votre choix.

Exemple : Taille 1m67   *karate-gi* de 170 cm (normal)
                           karate-gi de 175 cm (ample)
                           karate-gi de 180 cm (forte corpulence)

Les protections

Très rapidement, dès les premiers contacts, vous devrez vous équiper de protections : coquille pour les garçons et protège-poitrine pour les filles.

Quelle qualité choisir ?

Tout comme pour les jeans, il existe des *karate-gi* de différentes qualités et de prix variables.
Vous trouverez les moins chers dans les grandes enseignes spécialisées dans la vente d'articles de sport. Ces *karate-gi* s'adressent aux débutants.

Si vous souhaitez vous équiper plus sérieusement, vous pouvez faire votre choix parmi diverses marques japonaises ou européennes qui sont proposées dans les boutiques spécialisées ou sur internet. Les clubs font souvent des commandes en gros, à un tarif préférentiel, chez certains de ces revendeurs. Renseignez-vous auprès de votre professeur.

Le prix d'un *karate-gi* dépend du poids et de la qualité de sa toile. On trouve trois gammes de *karate-gi* qui se répartissent ainsi :

Tissu léger : une tenue pour débuter, mais aussi pour les pratiquants de *kumite* (combat) qui ne veulent pas être gênés dans leurs mouvements. Ces toiles ne résistent pas aux saisies.

Tissu souple : vous avez un *karate-gi* polyvalent, pour l'entraînement, le kata ou le combat. Il sera aussi parfait pour vos débuts en compétitions et passages de grades.

Tissu lourd : c'est la tenue préférée des experts et des compétiteurs kata. Ces *karate-gi* sont par contre plus chers (voire très chers !). Très résistants, ils ont une longévité de plusieurs années.

La coupe, la mode !

Il en existe deux, la **coupe traditionnelle** et la **coupe compétition** (ou ***tournament***). Cette dernière vous propose une veste plus longue, aux manches raccourcies.
Vous pouvez aussi faire broder votre nom ou celui de votre école sur votre *karate-gi*. Si votre club fait partie d'une *ryû* traditionnelle, vous devez avoir son écusson au niveau de la poitrine.

Nouer sa ceinture

Je fais un tour…   puis un deuxième.   Je passe l'extrémité rouge sous les deux tours de ceinture.

Il ne me reste plus qu'à rabattre l'extrémité rouge sur l'extrémité orange pour faire un nœud.

Sur les ceintures piquées, le nœud a parfois tendance à se défaire durant l'entraînement. Il faut un peu de temps pour que la ceinture se fasse.

Si malgré ces conseils, vous avez quelques doutes avant votre premier cours, n'hésitez pas à demander de l'aide à un ancien. Il se fera un plaisir de vous aider.

Ceintures de couleur 色带

Les ceintures de couleur

Elles ont été créées par des pratiquants de judo anglais, puis introduites en France par Mikinosuke Kawaishi, un maître de judo qui a enseigné en France à partir de 1935. Ce système permet de visualiser la progression jusqu'à la ceinture noire 1er *dan*.

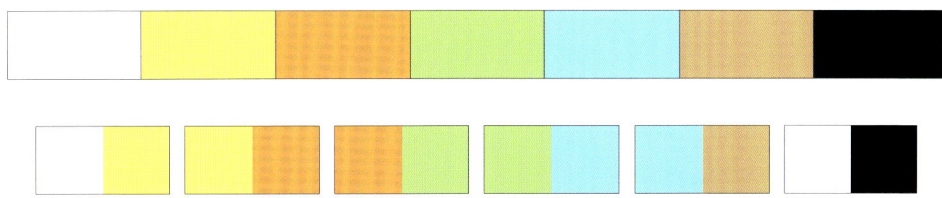

Six demi-ceintures supplémentaires ont été créées pour les enfants et s'intercalent entre les ceintures classiques. Elles permettent de faire plus de passages de grades, ce qui entretient leur motivation.

Les *kyû* - 級

Si dans votre club, il n'y a que des ceintures blanches, marron et noires, ne vous inquiétez pas ! Vous êtes dans un club traditionnel qui fonctionne selon le système des *kyû*. Il peut y avoir 6 ou 9 *kyû* avant la ceinture noire. Voici un tableau qui vous permettra de faire la correspondance entre les couleurs de ceinture et les *kyû*.

Kyû	Système des couleurs	Club traditionnel
9e *kyû*		Blanche
8e *kyû*		Blanche
7e *kyû*		Blanche
6e *kyû*	Blanche	Blanche
5e *kyû*	Jaune	Blanche
4e *kyû*	Orange	Blanche
3e *kyû*	Verte	Marron
2e *kyû*	Bleue	Marron
1er *kyû*	Marron	Marron

Les ceintures

Un passage de grades

Les passages de grades sont perçus comme des examens au cours desquels vous obtenez généralement une nouvelle ceinture. Il est préférable de les percevoir comme un bilan de vos acquisitions : quelles techniques sont maîtrisées, quelles positions sont acquises, quels katas sont connus.

L'objectif de tous les pratiquants est d'obtenir, un jour, la ceinture noire. Or, votre progression entre la ceinture blanche et la noire est balisée par des ceintures de couleur ou des *kyû*. Les passages de grades vous permettent donc de savoir où vous en êtes. Ils renseignent aussi votre professeur sur vos acquisitions ou vos lacunes.

Un échec à un passage de ceinture n'est ni une sanction, ni une catastrophe ! Il s'agit juste d'un constat : vous n'avez pas encore atteint le niveau requis. Ce n'est que partie remise. Analysez la situation et continuez à vous entraîner régulièrement.

Fréquence

Il y a généralement deux ou trois passages de grades par an dans les clubs. Ils sont annoncés à l'avance. Renseignez-vous auprès des anciens ou de votre professeur.

Le jury

En France, les ceintures de couleur sont délivrées par les professeurs. La ceinture noire se passe au niveau de la fédération.

Dans les autres pays, bien souvent, deux systèmes coexistent. Le premier est plus ou moins similaire au système français. Le second est qualifié de traditionnel. Les grades, y compris les *dan*, sont délivrés au sein d'une *ryû* par le responsable technique. La plupart des grades délivrés au Japon le sont de cette manière.

Déroulement de l'examen

Un passage de grades comprend trois parties.

- *Kihon* : vous faites diverses techniques ou enchaînements. Généralement, plusieurs candidats passent en même temps.

- *Kata* : il vous est demandé de présenter un ou deux katas, seul devant le jury. Attention, vous aurez à gérer votre stress ! Pour vous préparer, n'hésitez pas à passer devant vos partenaires, lors des cours. Il n'y a pas meilleure préparation que d'affronter le regard des autres.

- *Kumite* : il s'agit d'une épreuve de combat conventionnel avec un partenaire.

L'examen pour la ceinture jaune, orange et verte est détaillé aux pages 75, 101 et 119 de cet ouvrage.

Mon premier cours

Une fois l'inscription terminée, rendez-vous à votre premier cours. Soyez en avance, il est très mal vu d'être en retard dans les arts martiaux. Présentez-vous à votre professeur avant que le cours commence. Posez-lui toutes les questions qui vont faciliter votre intégration : où sont les vestiaires, les WC, où pose-t-on son sac de sport, ses chaussures ?

S'aligner par ordre de grade

Avant de pénétrer sur le tatami, effectuez un salut debout (*ritsurei*). Puis, lorsque le cours débute, les élèves s'alignent par ordre de grade. Les ceintures noires se trouvent sur votre droite, puis les ceintures marron et ainsi de suite jusqu'à la blanche.

Le rituel des saluts

Une série de saluts précède le cours.

Ritsurei : le salut debout

Seiza : je me mets à genoux

Mokusô
Je joins mes mains et me concentre quelques dizaines de secondes.
Au signal (*mokusô yame*) je pose à nouveau mes mains sur mes cuisses.

J'effectue ensuite trois saluts.

Shômen ni rei - 正面 に 礼
pour remercier les maîtres des temps anciens.

Sensei ni rei - 先生 に 礼
pour remercier le professeur.

Otagai ni rei - お互い に 礼
pour remercier les partenaires d'entraînement.

Un cours de karaté

L'échauffement permet de préparer son corps à faire des efforts et des mouvements de grande amplitude, comme le coup de pied au niveau haut (*jodan*). Dans toutes les disciplines physiques, un bon échauffement est le meilleur moyen pour éviter les blessures.
Bien que cela ne soit pas flagrant pour un débutant, les différents exercices proposés durant un échauffement sont aussi une manière de travailler des points techniques : la position des pieds, une certaine forme de corps, une façon particulière de lever les genoux, de se déplacer…
L'échauffement fait pleinement partie du cours. Aussi arrivez à l'heure pour en profiter.

Kihon - 基本

Le professeur démontre une technique ou un enchaînement de techniques. Vous les répétez : sur place, en avançant, en reculant. Lors de ces exercices vous apprenez et perfectionnez les fondamentaux du karaté. Aussi, soyez attentif, respectez les consignes et reproduisez au mieux les mouvements qui vous sont demandés.
Sauf consigne contraire, le *kihon* débute par un ordre, « *Yoi* » [1]. Vous vous positionnez en *hachiji dachi*. À la deuxième consigne, « *kamae* », vous vous mettez en garde vers l'avant, en *gedan barai*.

Kamae gedan barai

Au début, la technique n'est pas automatisée. Aussi faut-il programmer vos différentes actions, en prenant des points de repère.
Dans l'exemple ci-dessus :
1- Je monte mon poing gauche à l'épaule, je tends mon bras droit.
2- J'avance ma jambe gauche. Lorsque je suis en position, j'en profite pour vérifier rapidement ma position (sur l'avant, jambe arrière tendue), et ma technique (*hikite*, poing à l'aplomb du genou).

[1]. voir page 46

Kata - 型

De l'extérieur, un kata apparaît comme un long enchaînement de techniques. Il représente en réalité un combat contre plusieurs adversaires.
Lorsque l'enchaînement est bien connu, vous devez chercher à vivre véritablement le kata, c'est-à-dire à combattre réellement. Seuls les adversaires restent virtuels.

Les katas ont été conçus par des maîtres qui y mettaient tout ou partie de leur savoir. Ils étaient et sont encore un moyen de transmission des techniques de combat du karaté.

Les trois katas *Taikyoku* présentés dans ce livre ont été créés par Gichin Funakoshi [1], ou par son fils Yoshitaka.
Les trois katas *Heian* font partie d'une série de cinq, créée par Yasutsune Itosu [1], au tout début du XXe siècle.

Kumite : les combats - 組手

Il existe deux sortes de combat :
- les *kumite* conventionnels, lorsque l'adversaire annonce son attaque.
- les *kumite* « libres », lorsque l'attaque de l'adversaire n'est pas connue.

Vous allez aborder progressivement les différentes formes de combat. Le respect des partenaires d'entraînement est une des valeurs du *karate-dô*. Vous pourrez y développer votre vitesse, votre timing, votre mental, votre courage et bien d'autres qualités. Le karaté, lorsqu'il est sincèrement pratiqué, est une excellente école de la vie.

La fin du cours

Elle se compose d'exercices de musculation, sous forme de pompes et d'abdominaux. Elle comprend aussi des étirements qui améliorent la récupération et la souplesse.
Parfois, lorsque le cours a été particulièrement intensif, un retour au calme avec des massages de *shiatsu* [2] (massage japonais des méridiens) clôture le cours.

L'entraînement

Si vous désirez faire des progrès, vous devrez vous entraîner au moins deux fois par semaine (un seul entraînement est suffisant pour les jeunes enfants). Il est certain que vos progrès seront plus rapides si vous suivez trois entraînements hebdomadaires.
Dans tous les cas, l'idéal est de suivre un entraînement régulier, tout au long de l'année.

[1]. voir page 12 - [2]. L'essentiel du Karaté *Shôtôkan*, pages 18 et 19

Conseils divers

Un état d'esprit

Lorsqu'une ceinture noire exécute un kata ou quelques techniques, il se dégage de sa prestation des sensations de puissance et de sérénité. Ses gestes sont parfaitement coordonnés avec ses déplacements. Cette facilité n'est qu'apparente et a nécessité plusieurs milliers d'heures d'entraînement.

Pour ne rien vous cacher, les débuts en karaté ne sont pas faciles. Apprendre les positions, les déplacements et les techniques va vous demander de nombreux efforts. Donner, de manière efficace, un coup de poing ou de pied n'est pas inné. Cela s'apprend et demande du travail et de la sueur. Vous allez vous retrouver devant des difficultés insoupçonnées. Il faudra alors persévérer jusqu'à la réussite, faire un nouvel effort, puis un autre, et encore un autre et en plus surmonter les instants de découragement qui parfois vous assailliront. En un mot, il vous faudra beaucoup de volonté pour réussir. Le climat au dojo, vos partenaires et votre *sensei*, par leurs encouragements, vous permettront d'améliorer votre volonté.

Enfin, n'oubliez pas, une ceinture représente le niveau atteint, mais aussi toutes les épreuves que vous avez surmontées pour y parvenir. Plus les efforts sont importants, plus la satisfaction est grande lorsque l'objectif est atteint.

Courtoisie - Sincérité - Maîtrise

Ces trois qualités sont fondamentales dans la pratique du karaté, mais aussi par extension dans votre vie.

La courtoisie sert à normaliser les relations entre les membres du dojo. Les saluts en sont une des expressions. Ils permettent de garder à l'esprit l'absence d'animosité entre partenaires, malgré l'engagement de chacun en situation de combat.

La sincérité doit être présente dans toutes vos actions. Dans vos attaques, elle permet à vos partenaires de mesurer l'efficacité de leurs parades. A contrario, vous apprécierez, vous aussi, l'efficacité de vos défenses et de vos ripostes. La sincérité engendre une confiance réciproque entre les pratiquants.

Il est important, aussi, d'être sincère vis-à-vis de soi-même. Pour progresser, il ne faut pas se mentir, il faut analyser avec un maximum d'objectivité ses réussites et ses échecs.

Sincérité et confiance entre partenaires d'entraînement vont créer un climat serein, permettant les progrès de chacun au sein du dojo. Elles favorisent la maîtrise de ses gestes mais aussi de ses actes. Associées à l'entraînement, elles permettent un engagement physique et mental important, et progressivement, de mieux en mieux maîtrisé.

En retard

Parfois, vous pouvez être en retard à l'entraînement. Lorsque vous êtes prêt, attendez sur le bord du tatami, en levant la main pour obtenir l'autorisation de votre professeur d'entrer et de prendre le cours en route. Si votre retard est important, vous ne serez peut-être pas autorisé à participer au cours.

Absent quelques cours

Pour diverses raisons (professionnelles, maladie...) vous pouvez être amené à manquer plusieurs cours. Vous hésitez à reprendre l'entraînement, de peur d'être dépassé, à la traîne ? Les élèves d'un groupe ne progressent pas à la même vitesse. Certains, de par un passé sportif, n'ont pas de difficulté pour apprendre un enchaînement ou une technique. Ce n'est pas le cas de tous. Aussi, le professeur est amené à gérer des groupes de niveaux différents. S'il vous arrive d'être absent quelques cours, voire quelques semaines, votre professeur en tiendra compte et adaptera son enseignement à votre situation.

Hygiène - Blessures

La pratique du combat n'est pas sans risque. Aussi est-il nécessaire de prendre certaines dispositions pour en limiter les conséquences et assurer un maximum de sécurité à vos partenaires d'entraînement et à vous-même.

- Ne portez pas de montre, bagues ou bijoux.
- Ayez les ongles des mains et des pieds propres et taillés courts.
- Attachez vos cheveux s'ils sont longs.

Les principales blessures que vous allez rencontrer seront des contusions consécutives à des coups. Faites-vous prescrire une pommade par votre médecin. Avec l'expérience vous en aurez de moins en moins besoin.

En cas de blessures musculaires (élongation, déchirure), articulaires (entorse, luxation) ou osseuses (fracture doigt ou pied), adressez-vous au service des urgences le plus proche.

Soyez particulièrement prudent en cas de griffure au niveau de l'œil. Cet organe n'est protégé que par une fine et fragile couche de tissu, la cornée.
Enfin, prenez au sérieux un K.-O. avec ou sans perte de connaissance consécutif à un choc à la tête. Consultez votre médecin ou faites-vous conduire au service des urgences.

Apprendre une technique

L'impatience est le premier écueil que vous allez rencontrer ! Vous voulez maîtriser immédiatement, avec puissance et vitesse, les techniques qui sont présentées par votre professeur. Or celui-ci s'entraîne depuis des années, ce qui n'est pas votre cas ! La simplicité des techniques n'est qu'apparente. Même donner un simple coup de poing avec efficacité s'apprend.

Aussi, je vous conseille d'aborder progressivement chaque nouvelle technique. Voici une méthode qui vous permettra de réviser chez vous, entre les cours, les différentes techniques apprises. Vous aurez alors une progression efficace. Cette méthode peut s'appliquer à toutes les techniques, de poing comme de pied. Commencez par la répéter lentement. Ne faites intervenir la vitesse et la force qu'après plusieurs dizaines d'exécutions maîtrisées.

Enfin, n'hésitez pas à répéter et répéter encore une technique, même si vous la croyez acquise. C'est la seule et unique possibilité pour l'apprendre et l'améliorer.

Je vous propose de la découvrir en prenant pour exemple *tsuki*.

Je positionne mon bras gauche en *hikite* et je répète 20 fois *tsuki* du poing droit en partant de la hanche.
Ensuite, je fais 20 *tsuki* du poing gauche.

20 répétitions du même bras

À chaque répétition, je vérifie que je respecte bien tous les conseils techniques qui sont présentés de la page 47 à la page 51.

技を学ぶ

Lorsque je fais *tsuki* sans trop de difficulté, je l'exécute du bras droit, je reviens en *hikite* (1), puis je fais la même chose du bras gauche (2) et ainsi de suite.

20 répétitions d'un bras puis de l'autre

J'effectue maintenant *tsuki* simultanément à *hikite*. Je porte une attention particulière pour que la fin de chaque *tsuki* et *hikite* ait bien lieu au même instant.

20 répétitions d'un bras puis de l'autre avec *hikite*

Apprendre une technique

Lorsque la technique est maîtrisée sur place, en *hachiji dachi*, je réalise *oi zuki* en prenant une position de base, *zen kutsu dachi* par exemple.

20 répétitions en partant de la position *hachiji dachi*.

Il ne me reste plus maintenant qu'à répéter inlassablement *tsuki* en avançant puis en reculant. Au dojo, cette forme de travail en déplacement s'appelle le *kihon*.

Je reste vigilant, et je vérifie régulièrement que les critères techniques sont respectés.

En résumé, pour apprendre une technique je la répète :

- d'un côté puis de l'autre, puis des deux côtés.
- sur place, en prenant position.
- en déplacement : en avançant, en reculant.

Éducatif

Certaines techniques sont particulièrement difficiles à apprendre. Votre professeur utilisera des éducatifs pour faciliter votre apprentissage. Voici deux exemples qui permettent de maîtriser la trajectoire de deux parades.

Gedan barai

Placez votre poing à l'épaule opposée, votre coude dans l'autre main puis descendez votre poing au niveau de votre hanche, votre coude restant dans l'autre main qui ne descend pas.

1.   2.   3.

Shutô uke

Placez votre main (côté auriculaire) à l'épaule opposée, votre coude dans l'autre main. Amenez votre main en face de l'autre épaule en effectuant une rotation de l'avant-bras durant la trajectoire. L'autre main ne descend pas.

1.   2.   3.

Le rythme

Le professeur rythme les répétitions en comptant en japonais.

(voir page 5)

L'efficacité

1. Mon buste est droit.
2. Mon regard est déterminé.
3. Mes épaules sont basses.
4. Mes techniques sont centrées.
5. Mes abdominaux sont contractés.
6. La rotation de mes hanches augmente la puissance de ma technique.
7. La poussée de ma jambe augmente la puissance de ma technique.
8. Mes positions sont basses, ma stabilité est assurée.

Kime

Lorsque j'exécute, seul, une technique, j'imagine son application avec un partenaire. Je mets ainsi une intention, du sens dans ma technique.

Kiai : l'union des énergies

Il ne s'agit pas d'un cri ! Le *kiai* se produit lors d'une forte contraction abdominale dont la conséquence est une expiration sonore appelée *kensei*. Il s'effectue pour qu'une technique soit réalisée avec un maximum d'efficacité, tant sur le plan physique que mental. La plupart des katas de karaté comporte deux *kiai*.

Contrôle ou contact ?

Le karaté est bien souvent perçu comme une discipline où les coups sont contrôlés, ce qui a pour conséquence de mettre en cause son efficacité dans l'esprit du public. Qu'en est-il vraiment ?

À l'entraînement, tout dépend du niveau de chacun. Lorsque vous serez ceinture noire, vous devrez pouvoir combattre, sans protection, à plein contact au corps et avec retenue au visage. Vous pouvez aussi vous trouver dans un club où les combats se déroulent avec des protections et donc des contacts plus ou moins appuyés à la tête.

Cependant, plus les règles de combat sont minimes, plus l'efficacité est grande. Le danger l'est aussi, et la maîtrise des combattants doit être importante pour éviter toutes blessures graves.

En compétition, il existe différentes formes de combats arbitrés. Elles se répartissent en deux grandes catégories :

1. *Sundome*, le contact est maîtrisé. Cette forme de compétition est la plus connue en Europe.
2. *Jissen*, avec plein contact. Les règles varient selon les écoles. Ces formes de rencontres sont très appréciées du public au Japon.

- sans protection (au K.-O. mais sans coup de poing au visage - *Kyokushinkai*).
- avec protections (au K.-O., coups de poing et de pied au visage autorisés).

Une compétition, avec gants de boxe, casque et plastron. Le combat se déroule dans une école de karaté traditionnel. La victoire s'obtient au K.-O. ou au nombre de points marqués. Les frappes dans les jambes ne sont pas autorisées. Le *kumite* se déroule sur un parquet.

École : *Okinawa kokusai Shôrinji ryû Seishinkan karate* - Taikai 2009 - Fukuoka Japon

Budôsai : stage au *Budôkan* - Naha - Okinawa 2008

En 1993, la Préfecture d'Okinawa a inauguré un complexe dédié aux arts martiaux, le *Budôkan* (maison des *budô*). Situé à côté du parc d'Oyonama, son architecture extérieure est en forme de casque de samouraï. Il abrite quatre dojos et une immense salle qui accueille régulièrement des rencontres et des stages internationaux.

La ceinture jaune

Zen kutsu dachi
Tsuki
Oi zuki
Mawatte
Hikite
Gedan barai
Age uke
Soto uke
Mae geri
Gyaku zuki
Taikyoku shodan
Heian shodan
Kihon ippon gumite

Zen kutsu dachi

Position jambe avant fléchie

1. Mon centre de gravité est sur l'avant.
2. Mes pieds sont sur deux rails (jaunes).
3. Mon genou est à l'aplomb de mes orteils.
4. Ma jambe arrière est tendue.
5. Mon pied arrière est orienté vers l'avant.

Avancer en zen kutsu dachi

Zen kutsu est une position pour avancer vers l'adversaire, et porter une attaque. Lors du déplacement, vous devez rester au même niveau, les jambes fléchies, sans monter sur vos appuis (1). Puis écartez votre pied pour le positionner à nouveau sur son rail, et assurer ainsi une bonne stabilité (2).

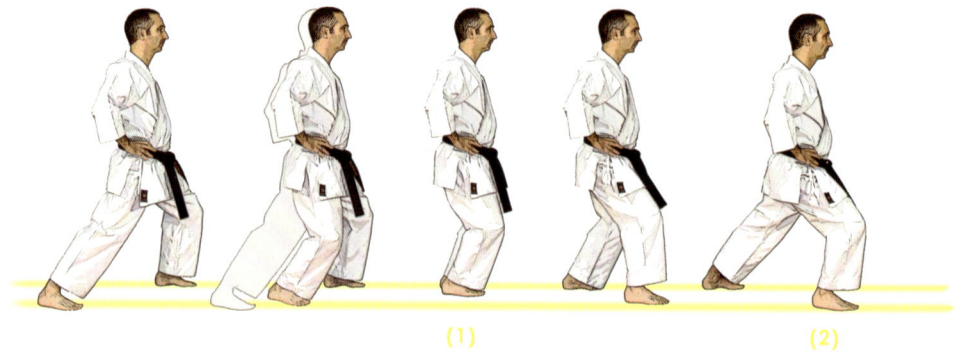

(1) (2)

前屈立ち

La compétition a apporté une nouvelle forme de déplacement en zen kutsu. Celle-ci se réalise en avançant les deux pieds, sans les regrouper (2.). Elle a l'avantage de permettre un déplacement plus rapide. En plus, la position intermédiaire (2) est plus stable pour faire face à un balayage de l'adversaire. Elle a l'inconvénient d'être vulnérable (2) : le bas-ventre n'est plus protégé. Cet inconvénient ne porte pas à conséquence en compétition puisque les attaques aux parties génitales ne sont plus autorisées depuis 1975. Il en est autrement dans le cadre d'une confrontation réelle.

Principaux défauts rencontrés

1. Problème d'équilibre ?
   Mes pieds ne sont plus sur deux rails. Ils sont sur un seul rail !
2. Mon genou en arrière de la cheville provoque un temps d'appel.
3. Mon centre de gravité n'est plus sur l'avant.
4. Ma jambe arrière est pliée.
5. Mon talon est décollé du sol.

À ces défauts illustrés peut s'ajouter un buste penché vers l'avant. La tête est alors exposée aux attaques.

Hachiji dachi 八字立ち

Position d'attente les pieds en huit (八)

De cette position, je peux me déplacer dans toutes les directions. Je peux faire face à la plupart des attaques.
De nombreux exercices démarrent à partir de *hachiji dachi* : le kihon[1], certains *kumite* conventionnels [2], les katas [3].

Jôdan

Chûdan

Gedan

Une technique de karaté s'effectue à différents niveaux.

Points essentiels

1. Mon bassin est dans une position naturelle.
2. L'écartement de mes pieds correspond à la largeur de mes épaules.
3. Mes pieds sont légèrement orientés sur l'extérieur.
4. Mon poids de corps est réparti sur mes deux pieds.

Yoi

Yame

Yasme

Au signal du professeur, « *Rei !* », je joins les pieds puis je salue. Ensuite, lorsqu'il annonce « *Yoi !* » je prends la position *hachiji dachi*. « *Yoi* » peut se traduire par « prêt » !
À l'inverse, à la fin de l'exercice, le professeur annonce « *Yame* » (arrêtez). Je reviens en *hachiji dachi*. Puis généralement, il poursuit avec « *Yasme* » (reposez-vous). Alors je salue et j'adopte une position libre, sans pour autant m'asseoir ou m'allonger.

[1]. voir page 32 - [2]. [3]. voir page 33

Hikite

引き手

Ramener son poing à la hanche

Hikite accompagne toutes les techniques présentées dans cet ouvrage, à l'exception de morote uke.
Lorsque vous faites *hikite*, imaginez que vous donnez un coup de coude à un adversaire qui vous ceinture par l'arrière.
Hikite renforce l'exécution des techniques et permet de muscler le haut du dos.

Points essentiels

Durant le retour à la hanche, mon poing effectue une rotation. Mon bras ne s'écarte pas de mon buste et mon coude frotte sur mes côtes.

Pour faire *hikite*, je donne un coup de coude vers l'arrière.

Tsuki

Coup de poing

Tsuki en *kiba dachi*

1. Ma technique est centrée.
2. Mes épaules sont basses.
3. Mes abdos sont contractés.
4. Mon autre poing revient en *hikite*.

La surface de frappe correspond aux deux premières phalanges de l'index et du majeur, les *kentô*. Le poignet est aligné dans le prolongement de l'avant-bras.

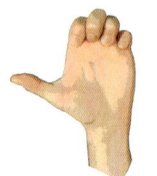 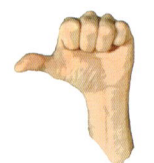 

Pour que mes frappes soient efficaces, mon poing doit être correctement fermé. Il est le plus compact possible. Le pouce verrouille le majeur et l'index.

突き

1.   2.   3.   4.

Points essentiels

1. Mes poings n'ont pas encore entamé de rotation lorsqu'ils se croisent.
2. La rotation débute peu avant l'impact.
3. À l'impact, mon poing est vertical.
4. La rotation du poing se termine au contact de l'adversaire et favorise la pénétration du *tsuki*. Mon poing est centré sur l'axe médian de mon corps.

1.   2.   3.   4.

Vous veillerez à exécuter *tsuki* et *hikite* en frottant vos avant-bras sur vos côtes. En effet, pour obtenir une efficacité maximale, vos coudes ne doivent pas s'écarter de votre buste lors de la frappe. Votre épaule reste basse.
Tsuki s'effectue au niveau *chûdan* ou *jôdan*.

Tsuki s'écrit ainsi lorsqu'il est employé seul. Associé à un autre terme, il se prononce et s'écrit *zuki* (*oi zuki*, *gyaku zuki*).

Oi zuki

Coup de poing en poursuite

Chûdan oi zuki

Oi zuki se réalise donc en avançant, avec pour objectif de frapper un adversaire qui recule.

Lorsque la garde de l'adversaire vous gêne, avancez en positionnant votre pied avant à l'extérieur du pied de votre partenaire. Le léger décalage obtenu vous permet d'éviter sa garde (1).

Travaillez la précision de vos *oi zuki* en les effectuant avec un partenaire qui va vous servir de cible. Vos frappes s'effectuent au niveau *chûdan* ou *jôdan*.

Dans un premier temps votre adversaire est immobile.

Puis, lorsque vous gagnez en précision et en contrôle, poursuivez l'exercice mais avec un partenaire qui se déplace.

Jôdan oi zuki

追い突き

1. ⟶   2. ⟶

Éducatif

Pour plus de facilité lors de l'apprentissage :

1. J'avance en *zen kutsu*.
2. Quand mon déplacement est terminé, j'effectue *tsuki*.

Je peux ainsi vérifier pour chaque temps, le *zen kutsu* et le *tsuki*, s'ils sont correctement réalisés (critères techniques respectés).

1.   2. ⟶

Lorsque les deux phases (déplacement et frappe) commencent à être maîtrisées, vous pouvez vous exercer à les exécuter simultanément, tout d'abord lentement, puis avec vitesse et force.

1. À mi-déplacement, ma technique a déjà débuté.
2. L'efficacité du *tsuki* est renforcée par la poussée de ma jambe arrière.

La frappe

Le sac de frappe

Vous apprenez les techniques sans partenaire. Ainsi toute votre attention peut se concentrer sur les points techniques importants. Ensuite, avec un partenaire vous allez assez facilement pouvoir vérifier l'efficacité de vos parades. Quant à vos attaques, il est intéressant, et nécessaire, d'en vérifier la puissance à l'aide d'un sac ou d'un bouclier de frappe appelé *pao*. Commencez prudemment par des frappes légères. L'impact sur un sac va vous renseigner sur la forme de vos tsuki, sur l'alignement de vos articulations. Par la suite, lorsque votre technique sera assurée, vous chercherez à mettre votre corps dans son ensemble dans votre tsuki. Étant frappé à poings et pieds nus, le sac ne doit pas être trop dur, pour ne pas les blesser.

Le travail présenté ci-dessus vous permet d'améliorer la puissance de vos blocages sur un sac qui, projeté vers l'avant, revient sur vous.

Entraînement sur un robuste makiwara dans le dojo de Higaonna Sensei à Naha - Okinawa. Toutes les techniques du karaté peuvent être travaillées sur le makiwara, les attaques comme les défenses.

Makiwara

Il est présent dans la plupart des dojos japonais, mais c'est loin d'être le cas hors Japon, où bien souvent, les cours de karaté sont donnés dans des salles multisports.

Le *makiwara* est constitué d'une planche ou d'un poteau de bois recouvert d'un manchon en cuir ou parfois en paille de riz. Il sert à améliorer la puissance de frappe.

Une mauvaise utilisation du *makiwara* peut entraîner des blessures, cherchez des conseils auprès d'un ancien (*sempai*) pour débuter. Il vous indiquera aussi quand l'utiliser, avant ou après les cours. Il n'est pas recommandé de l'utiliser avant 16 ans.

Dans un premier temps, commencez par des frappes légères en *gyaku zuki*, pour vérifier que vos articulations sont correctement alignées (attention à votre poignet !). Lorsque tel est le cas, augmentez progressivement la puissance de vos frappes. Si l'entraînement est régulier, des cals apparaissent sur les *kento*.

Mawatte

回って

Demi-tour

À cet ordre du professeur, je fais demi-tour lors des *kihon* [1].

1.
2.

1. Je regarde derrière tout en faisant glisser ma jambe le long d'une ligne.
2. Je pivote sur mes talons en effectuant *gedan barai*.

Éducatif

Dans un premier temps, je m'exerce les mains à la taille, pour percevoir la rotation des hanches.

[1]. voir page 32

Gedan barai

Balayage bas

Gedan barai permet de se protéger sur des attaques basses (*gedan*) du poing ou du pied.

Gedan barai en ko kutsu dachi

Gedan barai en zen kutsu dachi

1. En se situant au-dessus du genou, ma technique protège mon corps.
2. Mon poing est situé à 25 cm de mon genou. Mes côtes sont protégées.

Points essentiels

1. Mon poing va de ma hanche à mon épaule opposée.
2. Il descend en suivant mon autre bras.

下段払い

Tori attaque en mae geri

1. De la position *hachiji dachi*, *uke* se décale sur sa droite en faisant *gedan barai*. Il esquive le coup de pied et déstabilise ainsi *tori* à l'aide de sa parade.
Au moment où il réalise sa parade, *uke* est stable sur ses jambes, en position *zen kutsu*.

Tori   Uke

2. *Uke* riposte en *jôdan gyaku zuki*. La contre-attaque de *uke* frappe *tori* à l'instant où ce dernier pose son pied au sol. Elle s'accompagne d'une poussée de la jambe arrière et d'une rotation des hanches.

En avançant en zen kutsu dachi

À mi-déplacement (1), la préparation de mon *gedan barai* est terminée. Je synchronise ensuite la fin de mon déplacement et ma technique (2).

(1)   (2)

Age uke

Parade en remontant de l'avant-bras

Age uke en zen kutsu

Points essentiels

1. Pour être efficace *age uke* doit passer devant mon visage. La zone bleutée sur la photo correspond à la zone protégée par ma technique.
2. Mon avant-bras est suffisamment haut pour protéger mon front.
3. Le bras qui réalise *age uke* passe devant celui qui revient en *hikite*.
4. Mon avant-bras effectue une rotation en fin de technique pour renforcer son efficacité

揚げ受け

Tori attaque en jôdan oi zuki

1. De la position *hachiji dachi*, uke recule la jambe droite en *zen kutsu dachi* et effectue *age uke*. En ayant l'avant-bras au-dessus du front, le *tsuki* est alors suffisamment dévié de sa trajectoire. La protection de la tête est totale.

Uke   Tori

1.

2. *Uke* est dans une distance correcte pour riposter avec efficacité. En effet, il n'a pas besoin de se déplacer pour porter une contre-attaque en *gyaku zuki* au plexus.
Le bras droit revient en *hikite*. Il peut aussi rester dans la position du *age uke*.

2.

En avançant en zen kutsu dachi

La technique débute avec le déplacement (1). La rotation des hanches sur la fin du déplacement augmente la puissance de la technique (2).
Toutes les parades sont effectuées en avançant lors des *kihon*. Il est nécessaire de s'entraîner à les réaliser en reculant, car cette situation est fréquemment rencontrée face à un adversaire.

(1)   (2)

Soto uke

Parade extérieure de l'avant-bras

Soto uke permet de se protéger d'une attaque de poing au niveau du bas du visage et de la poitrine. La technique s'accompagne d'une rotation du buste qui améliore son efficacité. Cette rotation permet aussi d'esquiver l'attaque adverse.

Soto uke en *zen kutsu*

Points essentiels

1. Mon poing se situe au niveau de l'épaule opposée.
2. Mes hanches tournent dans le sens de ma technique.
3. Soto uke s'accompagne d'une rotation de l'avant-bras. Mon buste est légèrement de profil.

外受け

Tori attaque en chûdan oi zuki

1. *Uke* recule la jambe droite en *zen kutsu dachi* et effectue *soto uke*.
Dans les premiers échanges, les blocages se font au niveau du poignet. Puis, peu à peu, *uke* cherche à intercepter l'attaque alors qu'elle n'est pas complètement développée et place sa technique au niveau du coude de *tori*. Il gagne en efficacité et ainsi, ne permet pas à *tori* d'enchaîner.

Uke — Tori

1.

2. *Uke* riposte en *gyaku zuki*. En poussant sur sa jambe arrière, il provoque une rotation de sa hanche. Sa frappe puissante et précise atteint *tori* au plexus solaire, ou aux côtes flottantes.

2.

En avançant en zen kutsu dachi

À mi-déplacement (1), ma parade est préparée latéralement. À l'impact (2), la rotation de mon avant-bras débute, pour éjecter avec force le *tsuki* de mon adversaire.

(1)   (2) →

Mae geri

Coup de pied de face

Mae geri s'exécute en attaque, au corps ou au bas-ventre (où il est très efficace). De la jambe avant, il peut être, aussi, utilisé pour contrer un adversaire qui avance.

Points essentiels

1. Lors du *mae geri*, les bras ne s'écartent pas du corps et restent en garde. Éventuellement, enchaînez avec des attaques de poing.
2. La frappe est réalisée avec la partie du pied juste sous les orteils, appelée *koshi*.
3. Je prépare *mae geri* en levant le genou haut.
4. À l'impact, mon centre de gravité est devant ma jambe d'appui.
5. Je ramène ma jambe, sans baisser le genou, avant de poser mon pied au sol.

前蹴り

Tori attaque en *mae geri*

1. *Uke* recule largement en effectuant *gedan barai* au niveau du pied de *tori*.
Dans cette situation, la parade en *gedan barai* peut être considérée comme une frappe sur le pied de *tori*.

Uke   *Tori*

2. Comme il se trouve à une distance assez importante, *uke* riposte rapidement en *mae geri* de la jambe arrière.
Selon la souplesse de chacun, le coup de pied visera le bas-ventre, le plexus ou le menton de *tori*.

Éducatif

En étant au sol, j'élimine les problèmes d'équilibre. Je fixe mon attention sur la trajectoire et la forme de mon pied (*koshi*) à l'impact. En positionnant ainsi le pied, la surface de frappe est réduite à une zone sous les orteils, relativement réduite. De cette manière, la puissance du coup pénètre au mieux le corps de l'adversaire. Cet éducatif est aussi un excellent travail de musculation pour l'ensemble de la jambe. Il peut être appliqué pour tous les autres coups de pied.

Gyaku zuki

Coup de poing opposé

Gyaku zuki est un coup de poing donné avec le bras opposé à la jambe avant. Il s'effectue en contre sur un adversaire qui avance. Il est parfois accompagné d'un déplacement ou d'une esquive latérale.

Points essentiels

1. J'effectue mon déplacement, mes hanches sont de profil.
2. La poussée de la jambe arrière et la rotation des hanches augmentent l'efficacité de mon *gyaku zuki*.
3. Mon poing est centré, mes hanches sont de face.

逆突き

Tori attaque en *jodan oi zuki*

Situation 1

Uke esquive sur sa droite et contre tori qui avance, avec un *gyaku zuki* au plexus.

Uke ne doit pas esquiver trop tôt, sinon *tori* le perçoit et modifie alors la trajectoire de son *oi zuki*. L'esquive consiste à pousser sur la jambe arrière gauche pour se décaler sur la droite. Ce contre, sans blocage, nécessite un bon timing, et beaucoup de travail avant d'être maîtrisé.

Uke — Tori

Situation 2

Uke esquive sur sa gauche en déviant le *oi zuki* de *tori*. Il contre *tori* avec un *gyaku zuki* au niveau des côtes flottantes.
De sa main gauche, il contrôle son bras pour l'empêcher d'enchaîner un autre coup de poing.

Uke — Tori

Éducatif

En partant de *hachiji dachi* (1) je pousse sur ma jambe arrière et effectue une rotation des hanches (2). Ma jambe avant se décale et m'assure ainsi un maximum de stabilité à l'impact (3).

Funakoshi Sensei 　　　　　　　　船越先生

Des débuts difficiles !

À la suite de la démonstration au Kôdôkan de Jigorô Kanô, et avec ses encouragements, Gichin Funakoshi est sollicité pour de nombreuses démonstrations. Aussi décide-t-il de rester à Tokyo pour tenter d'y propager le karaté. Les débuts sont très difficiles. Il vit chichement dans une petite pension pour étudiants, le Meisei Juku. En échange de quelques travaux ménagers, il est autorisé à utiliser une pièce commune de la pension pour y donner ses premiers cours.

Peu à peu les élèves se présentent à lui. En 1923, Kasuya Shinyo, un professeur d'allemand l'aide à fonder un dojo à l'université de Keiô. Puis un deuxième s'ouvre en 1926 dans l'université Todai de Tokyo, puis tout s'enchaîne avec les universités de Takushoku, Hitotsubashi, Waseda...

Le père puis le fils

Dès qu'il le peut, Gichin Funakoshi fait venir à Tokyo son 3ᵉ fils, Yoshitaka. Peu à peu, Yoshitaka prend une place de plus en plus grande dans l'enseignement et la diffusion du karaté. En quelques années, il fait évoluer le karaté de son père : les katas sont modifiés, les positions deviennent plus larges et plus basses pour trouver un meilleur ancrage au sol. Il décède en 1945 de la tuberculose.

Yoshitaka Funakoshi

Gichin Funakoshi

Son œuvre - 空手道

G. Funakoshi est considéré par certains comme le père du karaté moderne. Qu'en est-il vraiment ?
Radicalement opposé aux rencontres sportives, la 1ᵉʳᵉ compétition officielle ne fut organisée par la JKA que quelques mois après son décès.
Homme lettré, parlant et écrivant le japonais, il est celui qui a réussi à faire reconnaître le karaté comme un Budô par le Butôkukai, l'organisme officiel régissant les arts martiaux japonais. Il a fait évoluer le *karate jutsu* (techniques de la main chinoise) vers le *karate-dô* (Voie de la main vide).
G. Funakoshi est celui par qui le karaté commença à se diffuser au Japon, avant de se répandre, après sa mort, dans le monde entier.

Taikyoku 太極

Les katas *Taikyoku* ont été créés par Gichin Funakoshi sous l'influence de son fils Yoshitaka.
Taikyoku shodan est souvent le premier kata appris par les débutants.
Taikyoku nidan est semblable à *Taikyoku shodan*. Seuls les *oi tsuki* diffèrent et se font au niveau *jôdan*.

Déplacements présents dans les *Taikyoku* et *Heian shodan*

1. Reculer

Je recule ma jambe avant, et je pivote sur place.

2. Reculer puis avancer

Je recule puis j'avance à 90°.

3. Pivoter

Je dessine une virgule au sol avec mon pied arrière.

Taikyoku shodan

Vue arrière

Kiai !

1. Hachiji dachi
2. Gedan barai
3. Oi zuki
4. Gedan barai
5. Oi zuki
6. Gedan barai
7. Oi zuki
8. Oi zuki
9. Oi zuki
10. Gedan barai
11. Oi zuki

太極初段

Taikyoku shodan

12. *Gedan barai*
13. *Oi zuki*
14. *Gedan barai*
15. *Oi zuki*
16. *Oi zuki*
17. *Oi zuki*
18. *Gedan barai*
19. *Oi zuki*
20. *Gedan barai*
21. *Oi zuki*
22. *Hachiji dachi*

Taikyoku shodan

Vue de face

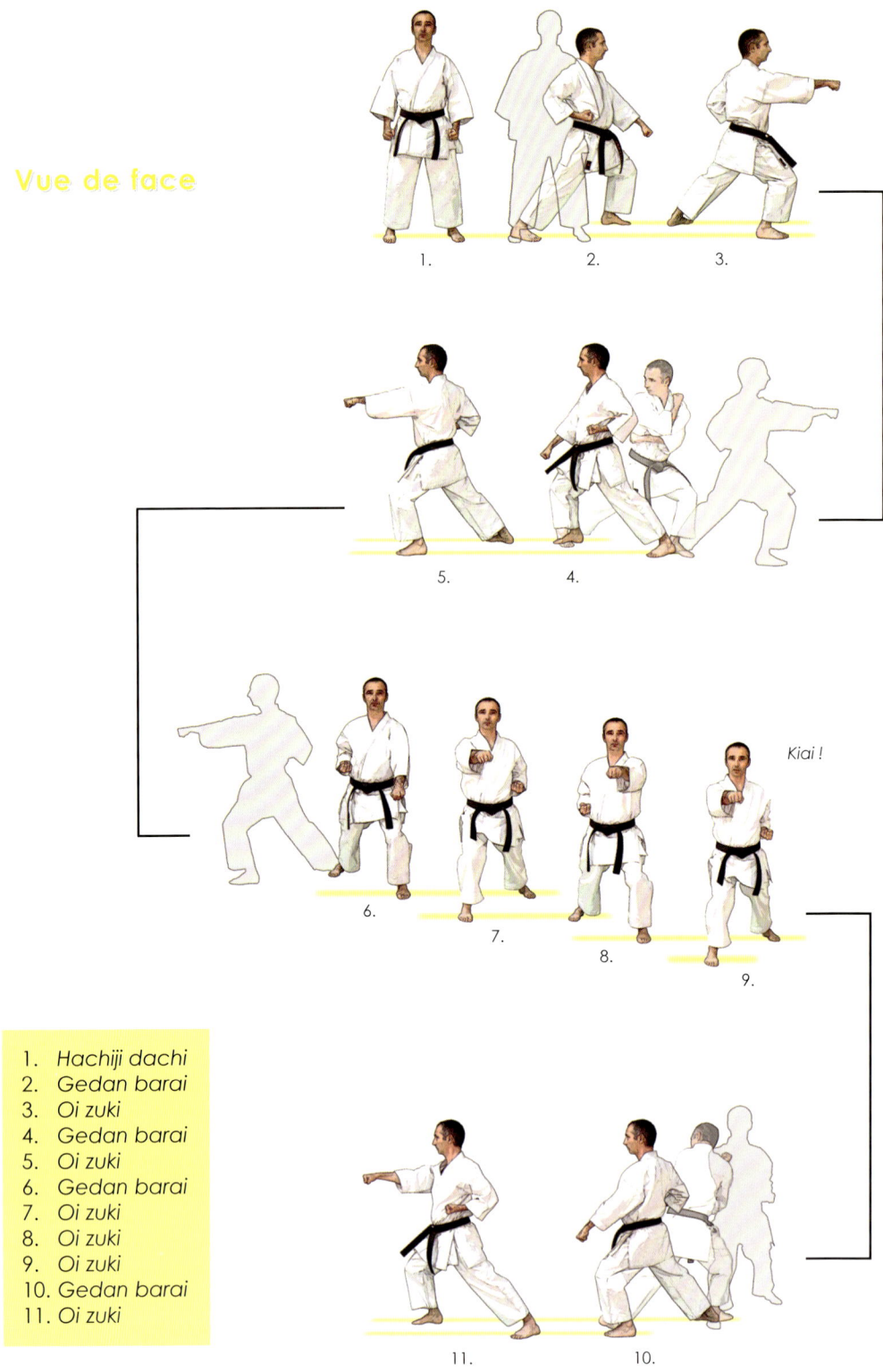

Kiai !

1. Hachiji dachi
2. Gedan barai
3. Oi zuki
4. Gedan barai
5. Oi zuki
6. Gedan barai
7. Oi zuki
8. Oi zuki
9. Oi zuki
10. Gedan barai
11. Oi zuki

太極初段

Taikyoku shodan

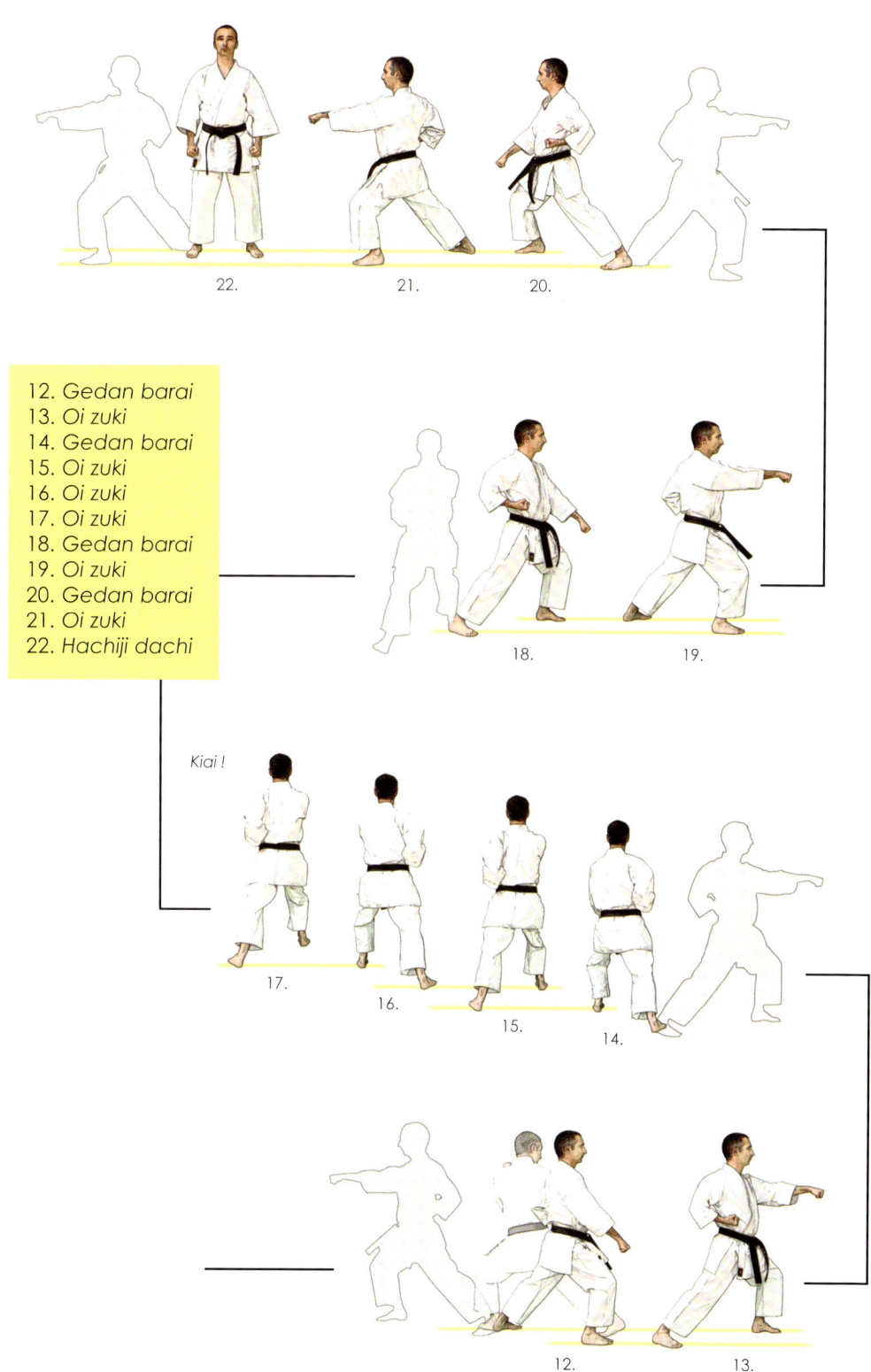

12. Gedan barai
13. Oi zuki
14. Gedan barai
15. Oi zuki
16. Oi zuki
17. Oi zuki
18. Gedan barai
19. Oi zuki
20. Gedan barai
21. Oi zuki
22. Hachiji dachi

Kiai !

Heian shodan

Vue arrière

平安初段

Heian shodan

1. Hachiji dachi
2. Gedan barai
3. Oi zuki
4. Gedan barai
5. Tetsui uchi
6. Oi zuki
7. Gedan barai
8. Shutô age uke
9. Age uke
10. Age uke
11. Age uke
12. Gedan barai
13. Oi zuki
14. Gedan barai
15. Oi zuki
16. Gedan barai
17. Oi zuki
18. Oi zuki
19. Oi zuki
20. Shutô uke
21. Shutô uke
22. Shutô uke
23. Shutô uke
24. Hachiji dachi

Heian shodan

Vue de face

1. Hachiji dachi
2. Gedan barai
3. Oi zuki
4. Gedan barai
5. Tetsui uchi
6. Oi zuki
7. Gedan barai
8. Shutô age uke
9. Age uke
10. Age uke
11. Age uke
12. Gedan barai
13. Oi zuki

Kiai !

平安初段

Heian shodan

14. Gedan barai
15. Oi zuki
16. Gedan barai
17. Oi zuki
18. Oi zuki
19. Oi zuki
20. Shutô uke
21. Shutô uke
22. Shutô uke
23. Shutô uke
24. Hachiji dachi

Kiai !

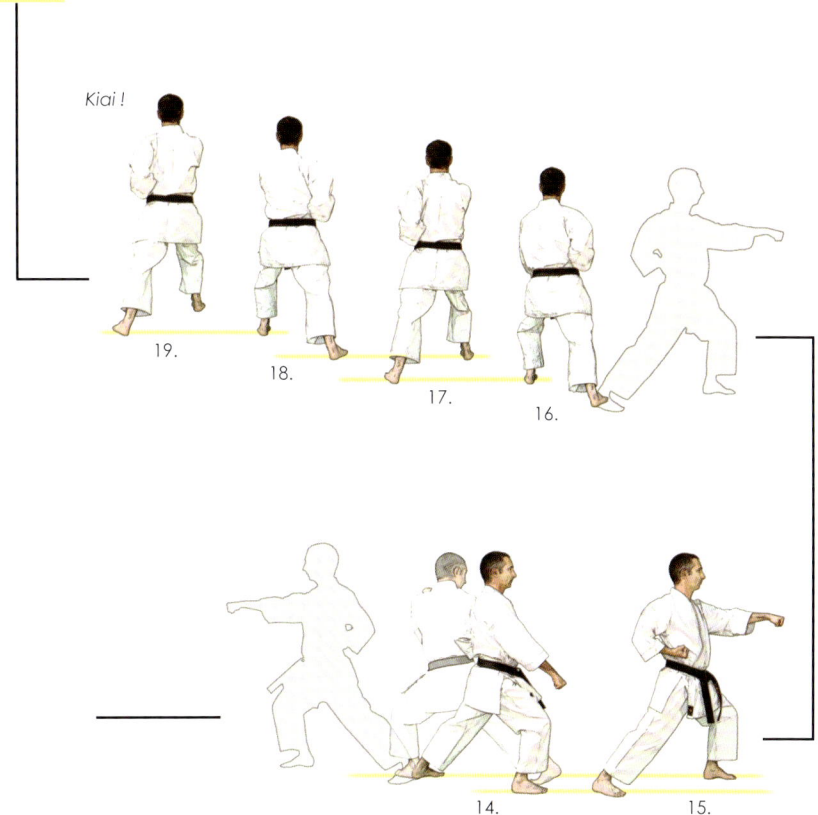

Kihon ippon gumite 基本一本組み手

Tori et uke sont face à face, en *hachiji dachi*.
Tori se met en *kamae gedan barai*. Il annonce le niveau puis sa technique, attend quelques instants puis attaque avec force et sincérité.
Uke effectue une parade puis riposte de façon contrôlée.
Toutes les applications techniques avec partenaire, présentées dans ce livre, peuvent être travaillées en *kihon ippon gumite*.

Jôdan oi zuki !

Uke — Tori

Kihon ippon gumite
Combat conventionnel : une attaque sur un pas

Attaques : *chûdan oi zuki, jôdan oi zuki*.
Mes positions sont stables, mes parades efficaces et mes ripostes contrôlées, précises et dans une distance correcte.

1. 2. 3. 4.

Points essentiels

1. Uke sort de l'axe de l'attaque en faisant un pas de côté. Il renforce son esquive par *age uke* porté au niveau du coude de *tori*.
2. Uke se trouve en situation favorable, sur l'extérieur de *tori*. Sa jambe avant a glissé et n'est pas exposée.
3. En *kihon ippon gumite*, uke revient en *hikite* sur chaque riposte. La forme technique est semblable à celle apprise en *kihon*.
4. Uke est resté proche de tori. Il n'a pas besoin de se déplacer pour effectuer son *gyaku zuki*.

Ceinture jaune 五級

Programme du passage de grade

Kata

Enfants : *Taikyoku shodan* (blanche jaune) et *Taikyoku nidan* (jaune)
Ados - Adultes : *Heian shodan*.

Kihon ippon gumite

Parades et ripostes sur *chûdan oi zuki* et *jôdan oi zuki*.

Kihon

Ils sont composés des techniques présentées dans les pages précédentes et de quelques enchaînements. Ces derniers comprennent deux techniques sur un ou deux pas. Voici deux exemples.

1/ Avancez en *age uke*, puis avancez en *gedan barai*.

2/ Avancez en *gedan barai* puis enchaînez sur place par *gyaku zuki*.

Je dois maîtriser :

- *zen kutsu dachi*.
- les demi-tours, les pivots.
- les techniques contenues dans les katas.

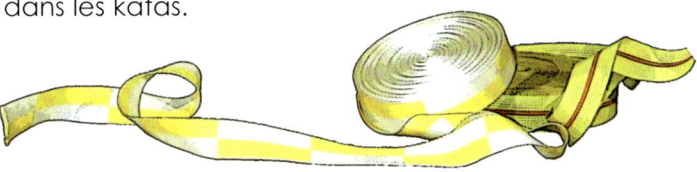

Le *Seiden*, bâtiment principal du *Shuri-jô*, château des rois des Ryû Kyû

C'est dans ce lieu que s'est développé au XIXe siècle, le plus prestigieux des styles de karaté, le *Shurite*, pratiqué par la garde rapprochée des monarques.
Le *Shôtôkan* est issu du *Shurite*.

La ceinture orange

Ko kutsu dachi
Uchi uke
Shutô uke
Mawashi geri
Uraken uchi
Heian nidan
Taikyoku sandan
Kihon ippon gumite

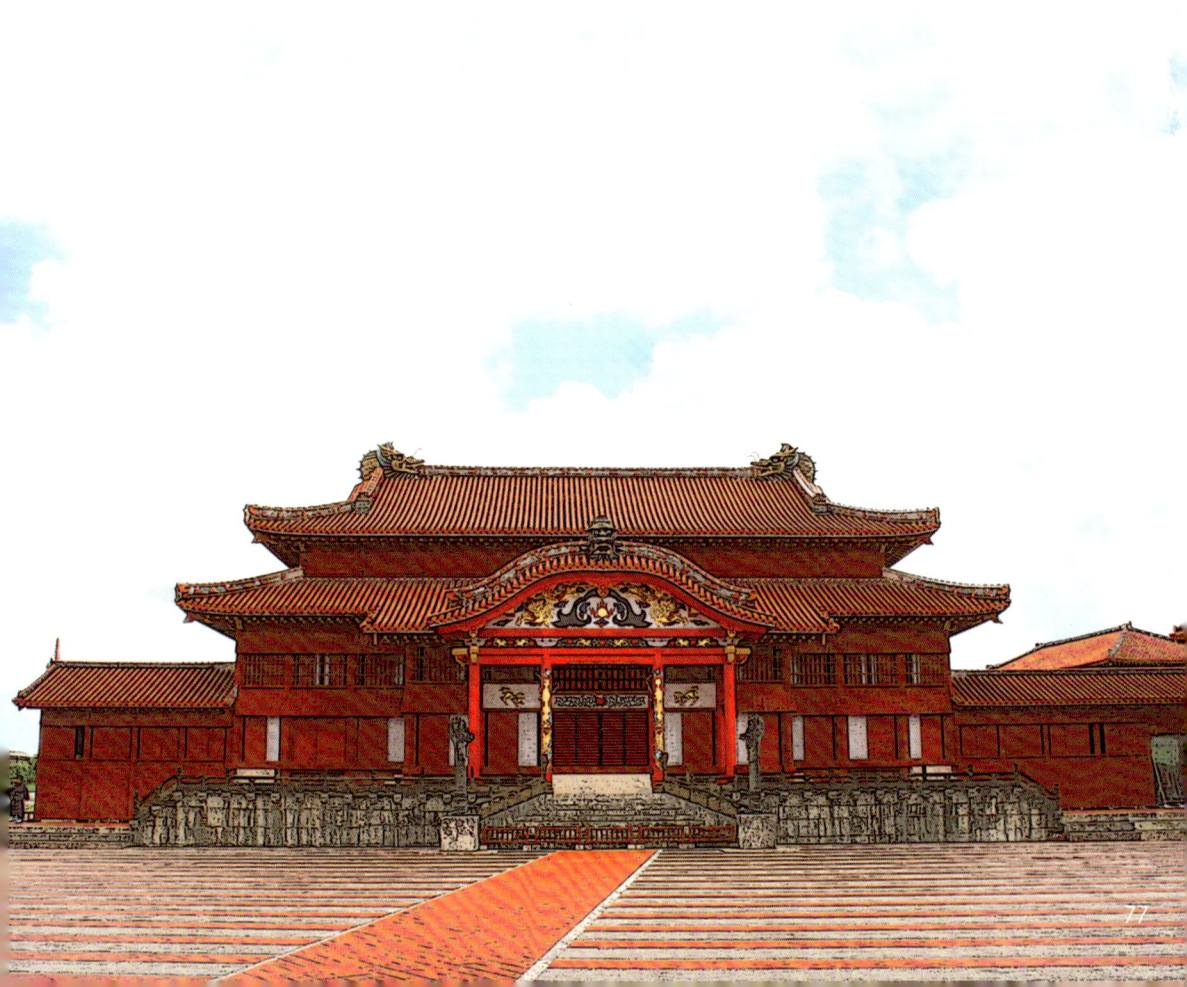

Ko kutsu dachi

Position jambe arrière pliée

1. Mon buste est droit.
2. Ma jambe avant est légèrement pliée.
3. Mes deux pieds sont alignés.
4. Mon centre de gravité est sur l'arrière.
5. Mon genou est à l'aplomb de mes orteils.
6. Ma jambe arrière est fléchie.

Avancer en *ko kutsu dachi*

Ko kutsu est une position prise pour absorber l'attaque d'un adversaire. La jambe avant est disponible pour effectuer un contre (en *mae geri* par exemple).
Il est aussi possible d'avancer en *ko kutsu*. Le déplacement débute par un transfert du centre de gravité (1) puis se termine par une rotation des hanches (2) qui amène le genou arrière à l'aplomb des orteils.

(1)   (2)

後屈立ち

1. 2. 3.

Éducatif

Ko kutsu est une position particulièrement difficile à maîtriser. Voici une technique pour vous l'approprier.

1. Vous êtes debout, les pieds à angle droit.
2. Pliez les genoux, comme pour vous asseoir sur un tabouret haut.
3. Avancez votre jambe avant en gardant votre corps le plus possible sur l'arrière.

Principaux défauts rencontrés

1. Ma jambe avant est raide. Elle peut être visée par une attaque.

2. Mon centre de gravité est à mi-distance de mes deux pieds. Je suis dans la distance de mon adversaire. Mon corps est exposé.

3. Mon genou est à l'avant des orteils. Mon articulation est mal sollicitée. Elle va peiner.

Uchi uke

Parade intérieure de l'avant-bras

Uchi uke offre une protection au niveau *chûdan* (zone bleutée sur la photo). Pour plus de facilité, il est souvent réalisé avec un déplacement latéral.

Points essentiels

1. Mon poing se situe au niveau de l'épaule.
2. Mon bras et mon avant-bras forment un angle droit.
3. Mon coude reste proche de mes côtes en protection.
4. Mon poing va à ma hanche opposée.
5. Mes deux avant-bras se croisent en début de mouvement.

内受け

Tori attaque en *chûdan oi zuki*

1. *Uke* recule la jambe gauche en exécutant *uchi uke* du bras gauche. Il se trouve à une distance importante de *tori*. Il doit donc poursuivre son action par une technique de jambe.

Tori   Uke

2. *Uke* saisit le bras de *tori* pour le contrôler et riposte en *mawashi geri*.
Vous pouvez riposter au niveau du visage, comme sur l'image. Si vous êtes moins souple, votre *mawashi geri* visera l'intérieur du genou, ou le bas-ventre de *uke* et sera tout aussi efficace.

En avançant en *zen kutsu dachi*

À mi-déplacement, la préparation du *uchi uke*, doigts vers le bas, est terminée (1). La parade et le déplacement sont synchronisés. Le blocage s'effectue avec le bord extérieur de l'avant-bras, ou la zone de ma main située sous mon pouce.

(1)

81

Shutô uke

Parade en « sabre de main »

Shutô uke s'effectue avec la partie de la main qui se trouve entre la base de l'auriculaire et le poignet. La main ouverte peut signifier que la parade va se poursuivre par une saisie du bras de l'adversaire. Cette technique est particulièrement difficile à maîtriser. Un éducatif vous est proposé page 39.

Points essentiels

1. Ma poitrine est protégée.
2. Ma main se situe au niveau de mon épaule.
3. *Hikite* se fait main ouverte au plexus.
4. Mon auriculaire se pose sur l'épaule opposée.
5. Mon coude reste au niveau de mes côtes.

手刀受け

Tori attaque en *chûdan oi zuki*

1. *Uke* recule en *ko kutsu dachi, shutô uke*. Il est proche de *tori*. Il poursuit son retrait sur sa jambe arrière.

Uke   *Tori*

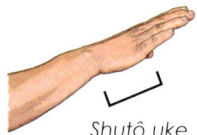

Shutô uke

2. Tout en contrôlant le bras de *tori*, *uke* riposte avec un *mae geri* de la jambe avant pénétrant sous les côtes. Comme *uke* est sur l'arrière en *ko kutsu dachi*, le transfert de son centre de gravité est très faible. La riposte est donc rapide. Le contrôle du bras peut être renforcé par une saisie.

En avançant en *ko kutsu dachi*

Lors de la phase de préparation, le bras avant peut se tendre (1). La technique est synchronisée avec le déplacement et la rotation des hanches vers l'arrière (2).

(1)   (2)

Mawashi geri

Coup de pied circulaire

Mawashi geri n'est autorisé qu'aux niveaux *chûdan* et *jôdan* en compétition. Cependant, réalisé dans le genou ou la cuisse de l'adversaire, il est particulièrement efficace.

Haisoku

Points essentiels

1. Ma garde est correcte. Je vais poursuivre avec des techniques de poing.
2. Ma frappe est réalisée avec une forme de pied en *koshi* [1] ou en *haisoku*.
3. Mon pied pivote pour renforcer ma frappe et protéger mon genou.
4. J'arme ma jambe arrière sur le côté, puis je pivote.
5. À l'impact mon centre de gravité est au niveau (ou en avant) de ma jambe d'appui.
6. Je ramène ma jambe sur ma cuisse avant de poser.

[1]. voir page 60.

回し蹴り

Tori attaque en chûdan oi zuki

1. *Uke* recule à 45° et se protège avec *shutô uke*. Ainsi il sort de l'axe de l'attaque. Il a effectué une parade main ouverte, il pourra saisir le bras de *tori*.

2. De sa position *ko kutsu*, il ajuste sa distance en reculant plus ou moins son pied avant et riposte en *jôdan mawashi geri*. Dans cette situation une riposte au niveau *chûdan* (dans les reins) ou *gedan* (cuisse ou articulation du genou) sera tout aussi efficace.

Uke   Tori

Mawashi geri forme compétition

Mawashi geri est une attaque relativement longue à mettre en œuvre. Il existe une manière de le passer en combat, en le dissimulant derrière une feinte. Il peut être aussi exécuté de la jambe avant, après un sursaut.

1. Je fais une feinte de *mae geri*.
2. En pivotant sur mon pied d'appui, je porte un *mawashi geri*.
3. Je reste protégé.
4. J'enchaîne avec *maete* au visage…
5. …puis je poursuis avec *gyaku zuki*.

1.   2.   3.   4.   5.

Uraken uchi

裏拳打ち

Frappe fouettée du revers de poing

Uraken uchi est suivi d'un retour qui s'effectue comme si le poing rebondissait sur l'adversaire, après la frappe. Il vise sa tempe ou sa mâchoire.
Exécuté de haut en bas, il prend alors pour cible le nez.

Tori Uke

Uke bloque l'attaque en *gyaku zuki* à l'aide d'un *shutô barai*. Il riposte simultanément en *uraken*.

Le *shutô barai* est un *gedan barai* effectué avec la main dans la forme *shutô*.

Cet enchaînement est difficile à maîtriser.

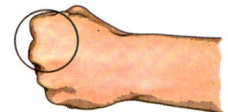

Uraken : zone de frappe

Points essentiels

1. J'arme mon poing au pectoral.
2. L'extension de mon poignet augmente l'impact.
3. Retour au pectoral.

Au quotidien

Vous pratiquez depuis quelques mois et, petit à petit, vous vous apercevez que le karaté vous apporte divers bienfaits.

Sur le plan physique, l'activité sportive est bénéfique. Muscles et articulations se renforcent. Vous gagnez en souplesse. Les douleurs musculaires consécutives aux premiers entraînements ne sont plus que de lointains souvenirs. Si elles persistent, surveillez votre alimentation : votre apport en protéines doit être plus important les jours d'entraînement.
La prise de conscience de votre corps a modifié votre apparence : position du bassin, épaules basses, buste droit… Certaines douleurs chroniques ou récurrentes comme le mal au dos vont s'atténuer, voire disparaître. Le karaté est un art martial qui peut être pratiqué tout au long de la vie. Sa pratique quotidienne et ordinaire doit respecter le corps et donc, ne pas être traumatisante.

Sur le plan psychique, vous prenez confiance en vous. La succession de combats libres ou conventionnels, réalisés avec une implication mentale importante vous habitue à réagir au mieux.

Le *karate-dô* est une excellente méthode de **défense personnelle**, parfaitement adaptée en cas d'agression pour peu que vous vous soyez interrogé sur vos nouvelles possibilités de réaction. Toutes les parades apprises pour réagir à des coups sont tout aussi efficaces sur des saisies. De nombreuses applications des katas (*bunkai* - page 94) sont des réponses à des situations d'agression.

Sur une **saisie croisée**, levez votre bras en *age uke*. Vous vous protégez ainsi d'un éventuel coup du poing gauche de votre agresseur, *tori*. Saisissez-le au poignet, puis enchaînez avec *mawashi geri* au foie suivi de *gyaku zuki* porté dans les côtes flottantes.

Défense personnelle 護身術

Sur une **saisie croisée**, vous effectuez *uchi uke*. *Tori* se retrouve de profil et est gêné pour attaquer en *gyaku zuki*.
Ripostez en *gyaku zuki* au niveau des côtes flottantes.

Dans la même situation, vous réagissez avec *shutô uke* puis saisissez *tori* au poignet. Poursuivez par une frappe sur le triceps pour tétaniser son bras puis enchaînez avec une clef de coude pour le contrôler.

Sur une **saisie croisée**, vous armez *soto uke*, sortez de la saisie tout en vous protégeant d'un coup de poing. Enchaînez par une frappe en *tetsui* à la mâchoire.

Sur une **saisie directe**, vous devez réagir avant l'attaque de *tori*. Dans un premier temps, effectuez *uchi uke* suivi de *gyaku zuki* à la pointe du menton. Par la suite, réalisez la parade et la riposte simultanément.

Sur une **saisie directe**, en réagissant en *soto uke* vous vous protégez d'un *tsuki* de *tori*. Enchaînez aussitôt avec *mae geri* au bas-ventre. Cette technique peut être portée sous une forme fouettée, avec le dessus du pied.
La précision prime sur la puissance.

Heian 平安

Vous vous êtes aperçu que mémoriser un kata demande de l'attention et des efforts. Lorsque l'enchaînement est connu, attachez-vous à améliorer votre prestation en respectant les points suivants.

Conseils généraux

1. Lors de mon déplacement je ne monte pas sur ma position intermédiaire. Je reste les jambes fléchies. Mon visage reste au même niveau. La poussée de ma jambe arrière me propulse vers l'avant.
2. En *ko kutsu dachi*, mon centre de gravité est vers l'arrière.
3. En *zen kutsu dachi*, mon centre de gravité est sur l'avant.

Heian nidan temps 10 à 12

Conseils spécifiques

1. Lors du *mae geri* mon bras reste en position (*uchi uke*).
2. Ce temps va évoluer avec ma pratique (voir tps 20/21 du kata).
3. Le retrait de la hanche entraîne un léger retrait du pied droit.

Heian nidan - temps 18 à 21

Selon Funakoshi *sensei* les katas doivent être exécutés avec force et souplesse, fluidité dans les techniques et rapidité dans les déplacements.

Heian nidan

1. Hachiji dachi
2. Haiwan uke
3. Tetsui uchi
4. Yoko zuki
5. Haiwan uke
6. Tetsui uchi
7. Yoko zuki
8. Yoko keage Uraken
9. Shutô uke
10. Shutô uke
11. Shutô uke
12. Osae uke
13. Nukite
14. Shutô uke
15. Shutô uke

平安二段

Heian nidan

16. *Shutô uke*
17. *Shutô uke*
18. *Uchi uke*
19. *Mae geri*
20. *Gyaku zuki*
21. *Uchi uke*
22. *Mae geri*
23. *Gyaku zuki*
24. *Morote uke*
25. *Gedan barai*
26. *Age shutô uke*
27. *Age uke*
28. *Gedan barai*
29. *Age shutô uke*
30. *Age uke*
31. *Hachiji dachi*

Kiai !

Heian nidan

Vue de face

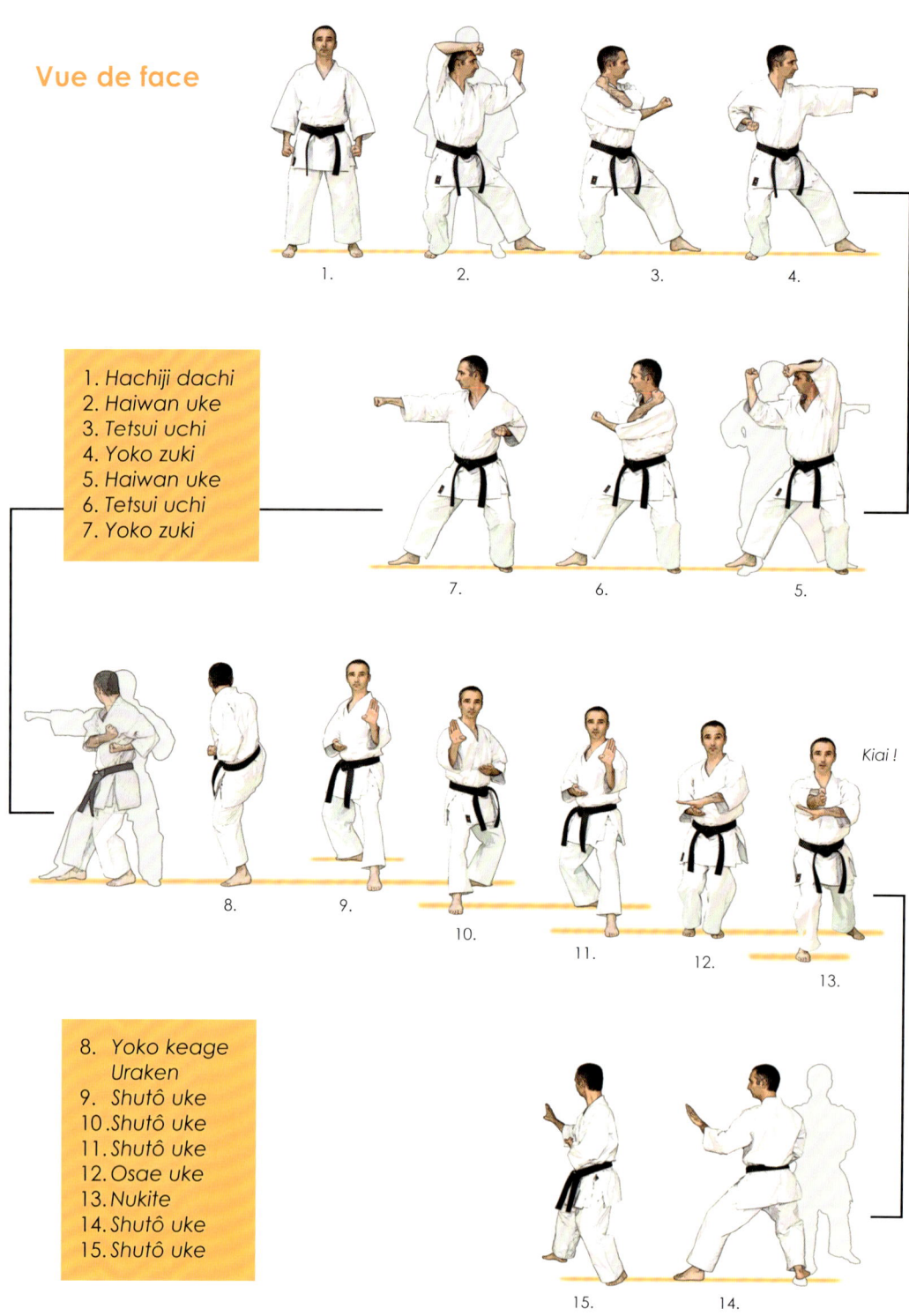

1. Hachiji dachi
2. Haiwan uke
3. Tetsui uchi
4. Yoko zuki
5. Haiwan uke
6. Tetsui uchi
7. Yoko zuki

8. Yoko keage Uraken
9. Shutô uke
10. Shutô uke
11. Shutô uke
12. Osae uke
13. Nukite
14. Shutô uke
15. Shutô uke

Kiai !

平安二段

Heian nidan

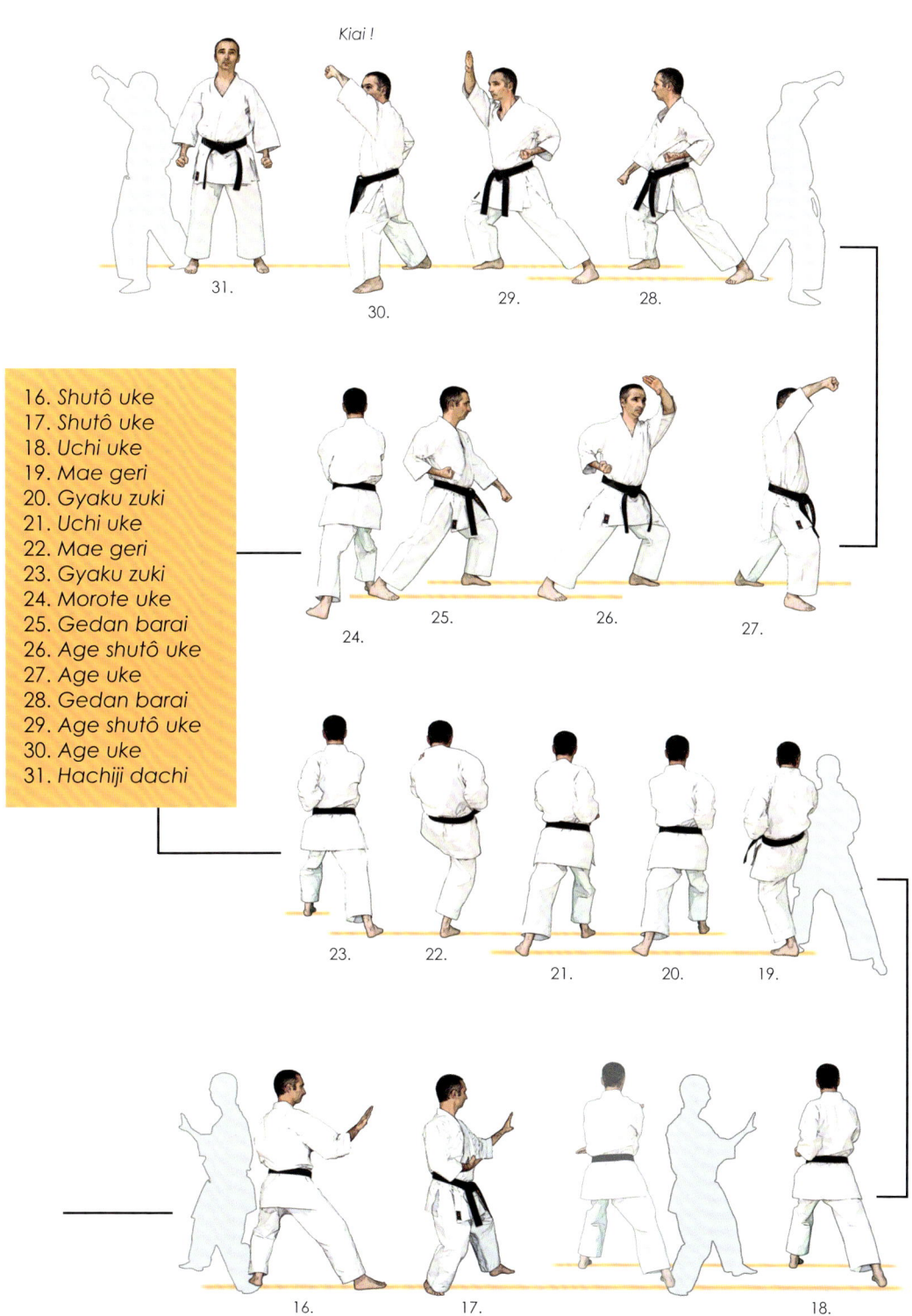

Kiai !

16. *Shutô uke*
17. *Shutô uke*
18. *Uchi uke*
19. *Mae geri*
20. *Gyaku zuki*
21. *Uchi uke*
22. *Mae geri*
23. *Gyaku zuki*
24. *Morote uke*
25. *Gedan barai*
26. *Age shutô uke*
27. *Age uke*
28. *Gedan barai*
29. *Age shutô uke*
30. *Age uke*
31. *Hachiji dachi*

Bunkai

Lorsque les positions sont assurées, les déplacements un peu plus fluides et les techniques en partie maîtrisées, il est temps de commencer à découvrir toute la richesse des katas. En plus d'être un moyen d'entraînement, chaque kata contient de nombreuses applications en combat face à un adversaire. Elles sont appelées *bunkai*.

Pour commencer vous allez débuter par des situations simples. Même si elles ne vous semblent pas toujours logiques, elles vous permettront de travailler vos bases techniques avec un partenaire. Par la suite, lorsque vous préparerez la ceinture noire, avec l'aide de votre professeur, vous ferez évoluer ces situations de base vers des applications plus réalistes et particulièrement efficaces. Patience !

Attendez les attaques de *tori* à partir de la position *hachiji dachi*, comme lorsque vous êtes en *kihon ippon gumite* [1].

Taikyoku nidan

2. Au lieu d'avancer, je recule en *gedan barai* sur *oi zuki*.

3. J'avance rapidement en *oi zuki*.

Dans cette première application, la position en *zen kutsu dachi* et les techniques *gedan barai* et *oi zuki* sont respectées. Seul le premier déplacement est différent de celui du kata.

---

[1]. voir page 74.
De nombreux *bunkai* des katas *Heian* sont présentés dans *L'essentiel du Karate-dô Shôtôkan*

分解

Taikyoku sandan

Tori réalise une saisie croisée pour porter ensuite un *gyaku zuki*.

2. Passez en *kokutsu dachi* sur la saisie croisée de *tori*.

3. Saisissez son bras gauche et avancez en *oi zuki*.

Heian shodan
Heian nidan

Tori effectue une saisie à l'épaule.

20. Frappez en *shutô uke* sur le biceps de *tori*.

21. Avancez pour le frapper à la carotide en *shutô*.

Heian nidan

Tori attaque en *oi zuki*.

8. Esquivez sur votre droite et frappez le triceps de *tori* en *uraken*…

…et poursuivez en *yoko keage* au niveau des côtes flottantes.

Taikyoku sandan

Vue arrière

Kiai !

1. Hachiji dachi
2. Uchi uke
3. Oi zuki
4. Uchi uke
5. Oi zuki
6. Gedan barai
7. Oi zuki
8. Oi zuki
9. Oi zuki
10. Uchi uke
11. Oi zuki

太極三段

Taikyoku sandan

Kiai !

12. *Uchi uke*
13. *Oi zuki*
14. *Gedan barai*
15. *Oi zuki*
16. *Oi zuki*
17. *Oi zuki*
18. *Uchi uke*
19. *Oi zuki*
20. *Uchi uke*
21. *Oi zuki*
22. *Hachiji dachi*

Taikyoku sandan

Vue de face

1. Hachiji dachi
2. Uchi uke
3. Oi zuki
4. Uchi uke
5. Oi zuki
6. Gedan barai
7. Oi zuki
8. Oi zuki
9. Oi zuki
10. Uchi uke
11. Oi zuki

太極三段

Taikyoku sandan

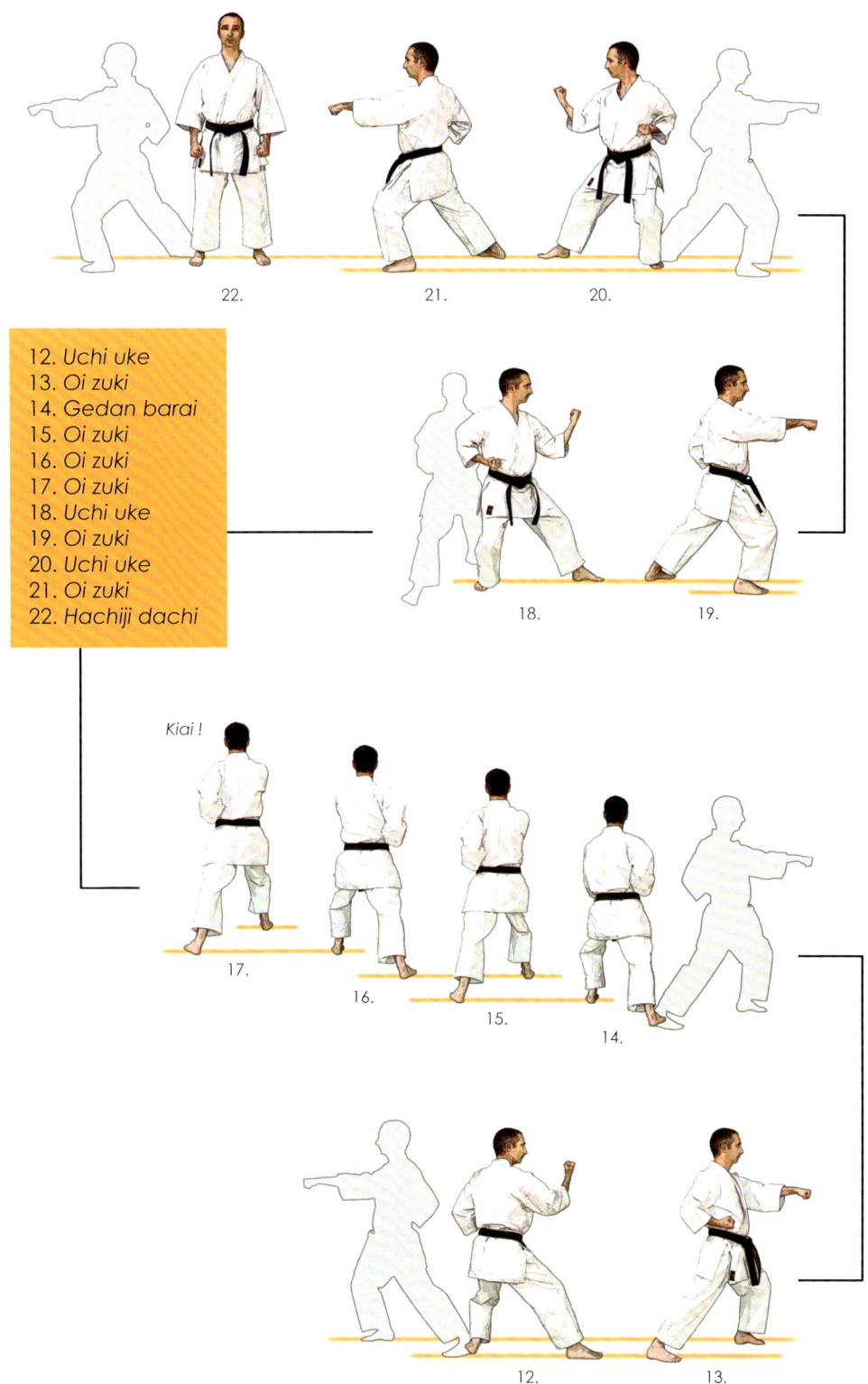

12. *Uchi uke*
13. *Oi zuki*
14. *Gedan barai*
15. *Oi zuki*
16. *Oi zuki*
17. *Oi zuki*
18. *Uchi uke*
19. *Oi zuki*
20. *Uchi uke*
21. *Oi zuki*
22. *Hachiji dachi*

Kiai !

Kihon ippon gumite 基本一本組み手

Uke attend l'attaque de *tori* en *hachiji dachi*. Ses jambes sont sous tension, légèrement fléchies, prêtes à réagir.

Lorsqu'il attaque avec une technique de jambe, *tori* abandonne le *kamae gedan barai* pour une garde de combat.

Kihon ippon gumite

Quatre attaques : *chûdan oi zuki, jôdan oi zuki, mae geri, mawashi geri*.
Mes positions sont stables, mes parades efficaces, mes ripostes contrôlées, précises et dans une distance correcte.
J'enchaîne les quatre attaques.

Uke   Tori

1. Sur une attaque en *mawashi geri* de *tori*, *uke* esquive à 45°, en *ko kutsu dachi*, puis riposte en *teishô uchi* en passant en *zen kutsu dachi*.

Tori   Uke

2. *Uke* sort légèrement de l'axe du *mae geri* en reculant sa jambe gauche. Il maintient une distance courte pour riposter en *gyaku zuki*.

Ceinture orange 四級

Programme du passage de grade

Kata

Enfants : *Taikyoku sandan* (jaune orange) et *Heian shodan* (orange)
Ados - Adultes : *Heian shodan* et *Heian nidan*

Kihon ippon gumite

Parades et ripostes sur *chûdan oi zuki, jôdan oi zuki, mae geri* et *mawashi geri*.

Kihon

Ils sont composés des techniques pour la ceinture jaune, la ceinture orange et de quelques enchaînements. Ces derniers comprennent deux techniques sur un ou deux pas. Voici deux exemples.

1. *Mae geri, gyaku zuki* en *zen kutsu dachi*.

2. *Soto uke*, puis enchaînez sur place par *uchi uke*. Attention au pas suivant, le bras qui vient d'effectuer *uchi uke* enchaîne avec *soto uke*.

Je dois maîtriser :
- *zen kutsu dachi* et *ko kutsu dachi*.
- les techniques contenues dans les katas.
- les déplacements vers l'avant et l'arrière.

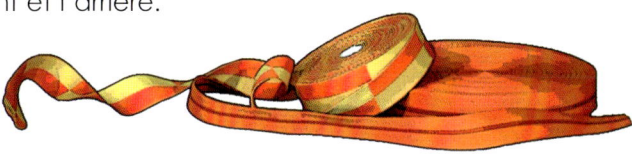

Kankei mon : une des portes de l'enceinte fortifiée entourant le *Shuri jô*

De nombreux maîtres du *Shurite* faisaient partie de la garde royale. Ils s'entraînaient et échangeaient dans l'enceinte même du château. De nombreux *kata* contiennent des techniques de protection rapprochée adaptées à la configuration du *Shuri jô*. L'actuelle ville de Naha se trouve en contrebas, au-delà des arbres.

La ceinture verte

Kiba dachi
Maete zuki
Morote uke
Yoko keage
Yoko kekomi
Heian sandan
Kihon ippon gumite

Kiba dachi

Position du cavalier

Points essentiels

1. Le buste est droit.
2. Les genoux sont à l'aplomb du gros orteil.
3. Les pieds sont parallèles.
4. Le centre de gravité est également réparti sur les deux jambes.

En avançant en *kiba dachi*

1. Mon pied arrière ne s'écarte pas de mon axe de déplacement.
2. À mi-déplacement mes pieds sont joints.
3. La position latérale ne se reprend que sur la fin du déplacement. Elle s'accompagne d'une rotation des hanches.

騎馬立ち

Avancer en *kiba dachi* en croisant les pieds

1. Je croise mon pied droit sans me relever sur ma position.
2. Je prends appui sur mon pied droit.
3. J'assure mon *kiba dachi* en poussant mes genoux à l'aplomb des pieds.

Je peux utiliser ce type de déplacement pour attaquer en *yoko kekomi*[1].

1.   2.   3.

Principaux défauts rencontrés

1. Les genoux sont vers l'intérieur, la position n'est pas forte.
2. Les pieds ne sont pas parallèles.
3. Le centre de gravité est mal réparti.

[1]. Voir exemple page 112.

Maete zuki 前手突き

Coup du poing avant

Maete zuki s'accompagne d'une poussée de la jambe arrière qui renforce la technique et permet de gagner la distance nécessaire pour toucher l'adversaire. C'est un excellent coup de poing pour contrer un adversaire qui avance.

1. *Tori* avance en *oi zuki*. Il est contré à la moitié de son déplacement.

2. *Uke* contre *tori* en *maete zuki*. Son bras avant dévie le *tsuki* de *tori*.

Maete zuki en avançant

1. Je pousse sur ma jambe arrière en effectuant simultanément *maete zuki*.
2. Je reprends une garde en ramenant ma jambe arrière.

Assouplissements　　　　　　　　　　　　　　　　　　柔軟運動

Si vous souhaitez réaliser des coups de pied efficaces au niveau *chûdan* ou *jôdan*, vous devez posséder une certaine souplesse. Voici des exercices à réaliser en fin de cours qui vous permettront de l'améliorer.

1. Étirements longs d'une trentaine de secondes.
2. Dans la position : étirement (4 sec), puis contraction (6 sec), suivie d'un relâchement musculaire (4 sec), pour terminer par un étirement (6 sec).

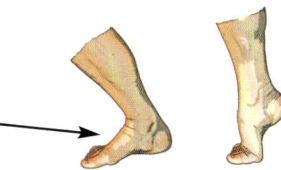

Cet exercice complet permet d'assouplir les adducteurs, l'arrière de la cuisse, le mollet et la cheville de l'autre jambe.

Attention, la souplesse de la cheville n'est travaillée que si le pied est au sol. Elle permet d'avoir de meilleurs appuis et favorise la qualité des déplacements.

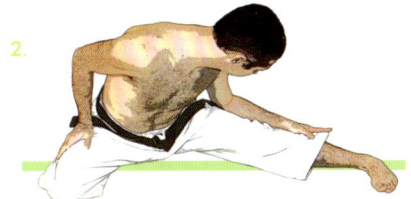

Dans la position 2. vous sollicitez vos adducteurs. Ces muscles à l'intérieur des cuisses sont particulièrement tendineux et nécessitent beaucoup d'efforts pour les assouplir. Une bonne souplesse des adducteurs permet de réaliser efficacement *mawashi geri* et *yoko geri* au-dessus de la ceinture. L'exercice 3. permet d'étirer différemment les membres inférieurs.

Poussez sur les jambes en laissant les mains à plat, au sol. L'étirement des cuisses et des mollets est effectif, même si les jambes ne sont pas complètement tendues. Maintenez la position six secondes puis recommencez. Plus vos mains sont près de vos pieds, plus l'étirement est important.

Il ne faut pas confondre les assouplissements qui permettent de gagner en amplitude de mouvement et les étirements de préparation à l'effort réalisés lors de l'échauffement.

Morote uke

Défense à deux mains

Morote uke a longtemps été considéré comme un *uchi uke* renforcé par le deuxième poing. Or, un renforcement de la technique de blocage devrait s'effectuer au niveau du poing et non du coude. *Morote uke* est une technique double, constitué d'une parade en *uchi uke* et d'une riposte en *ura zuki* (*tsuki* avec les phalanges vers le haut).

1. Mon poing avant est à hauteur de mon épaule.
2. Mon poing arrière est en *ura zuki*, dirigé vers l'avant.
3. Mon coude reste collé à mes côtes.

Une technique différente

1. Mes deux poings vont dans la même direction.
2. Mon plexus est protégé par mon poing arrière qui est prêt à réagir.

諸手受け

1. *Tori* attaque en *gyaku zuki*.

Uke bloque l'attaque à l'aide de *uchi uke* et riposte simultanément en *ura zuki* au plexus.

Les techniques simultanées ne sont abordées qu'à partir de la ceinture bleue ou marron. Elles sont particulièrement difficiles à maîtriser. *Morote uke* vous est présenté en application pour une bonne compréhension technique.

Tori — Uke
1.

2. *Tori* attaque en *jôdan oi zuki*.

Uke la dévie à l'aide de *jôdan uchi uke* et réplique dans le même temps par un *tsuki* en revers de poing (*ura zuki*) à la gorge. Une bonne maîtrise technique est nécessaire pour réussir cette riposte sans risque pour *tori*.

Uke — Tori
2.

En avançant en *ko kutsu dachi*.

La riposte en *ura zuki* est courte. Vous devez donc être très proche de votre adversaire pour vous situer dans une distance correcte. Aussi, *morote uke* est très souvent effectué en avançant dans l'attaque de l'adversaire.

109

Yoko keage

Coup de pied latéral remontant

Yoko keage est fouetté et vise généralement les côtes flottantes. Il se porte sur un adversaire qui arrive sur l'un de vos côtés. *Yoko keage* est généralement exécuté de la jambe avant. Il peut se délivrer de la jambe arrière mais est alors plus long à mettre en oeuvre.

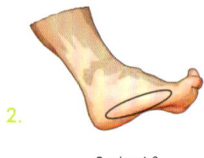

Sokutô

1. La trajectoire de mon pied est en arc de cercle.
2. Mon pied est en *sokutô*.
3. Mon buste est le plus droit possible. Ma garde est en direction de mon adversaire.

En avançant en *zen kutsu dachi*

1. Ma garde change lors de la phase de préparation
2. Mon pied suit une trajectoire montante et revient au niveau du genou. Mon équilibre est maîtrisé.

横蹴上げ

Tori attaque en *jôdan oi zuki*

1. *Uke* esquive latéralement en *kiba dachi* et se protège avec une parade en *uchi uke*.
Dans cette situation, la difficulté réside dans l'esquive qui permet de sortir de l'axe de l'attaque. Elle doit être suffisamment maîtrisée pour rester à proximité de *tori* et ainsi pouvoir riposter sans avoir à effectuer un déplacement.

Tori   Uke

2. De sa position *uke* riposte avec un *yoko keage* de sa jambe avant au niveau des côtes flottantes.
De sa main droite, il maintient un contrôle sur le bras de *tori*.

Points essentiels

1. Je passe en équilibre sur ma jambe avant tout en préparant mon *yoko keage*. Mon pied est en *sokutô* au niveau de mon genou.
2. À l'impact, mon buste n'est pas penché en arrière pour enchaîner rapidement avec mes poings.
3. Je ramène ma technique avant de poser mon pied au sol.

1.   2.   3.

Yoko kekomi

Coup de pied latéral pénétrant

Contrairement à *yoko keage*, la frappe d'un *yoko kekomi* n'est pas fouettée, mais pénétrante. Cette technique est la plus puissante du karaté. Elle s'effectue en avançant ou latéralement, à tous les niveaux. Elle prend le nom de *fumikomi* lorsqu'elle est effectuée de haut en bas, au niveau *gedan*. De la jambe avant, elle est aussi particulièrement efficace pour contrer un adversaire qui avance.

1. Durant la phase de préparation ma garde s'est naturellement inversée. Ma garde est maîtrisée.
2. Mon pied est en *sokutô*, la surface de frappe se situant à l'arrière du pied, vers le talon.

Points essentiels

1. Je passe de profil, le genou armé haut.
2. La trajectoire de mon pied est rectiligne. À l'impact mes reins sont cambrés.
3. Je ramène ma technique avant de poser mon pied au sol.

横蹴込み

Tori attaque en mae geri.

1. *Uke* esquive latéralement en *zen kutsu dachi* en exécutant *gedan barai*, du bras droit.
Pour qu'elle soit réussie, cette esquive doit permettre à *uke* de sortir de la zone de l'attaque en lui laissant la possibilité de riposter le plus rapidement possible.

Uke — Tori

2. Situé à mi-distance, *uke* n'a pas besoin d'effectuer un déplacement. Il est positionné pour riposter. Il enchaîne par un *yoko kekomi* dans les côtes.

En avançant en zen kutsu dachi

1. Mon genou est armé haut, quelle que soit la hauteur de ma technique.
2. À l'impact, mon centre de gravité est en avant (ou à l'aplomb) de ma jambe d'appui. Plus mon buste se trouve penché vers l'arrière, plus mon *yoko kekomi* est haut, moins ma force de pénétration est grande.
3. Je ramène ma jambe avant de la reposer au sol.

3.   2.   1.

113

Heian sandan

Vue arrière

Kiai !

1. *Hachiji dachi*
2. *Uchi uke*
3. *Uchi uke*
   Gedan barai
4. *Uchi uke*
   Gedan barai
5. *Uchi uke*
6. *Uchi uke*
   Gedan barai
7. *Uchi uke*
   Gedan barai
8. *Morote uke*
9. *Osae uke*
10. *Nukite*
11. *Tetsui uchi*
12. *Oi zuki*
13. *Demi-tour*

平安三段

14. Fumikomi [1]
15. Empi
16. Uraken
17. Fumikomi [1]
18. Empi
19. Uraken
20. Fumikomi [1]
21. Empi
22. Uraken
23. Tate shutô
24. Oi zuki
25. Mawashi zuki Empi
26. Mawashi zuki Empi
27. Hachiji dachi

Heian sandan

[1]. *Fumikomi* est un *yoko kekomi* vers le sol. Les temps 14, 17 et 20 représentent la phase préparatoire de la technique.

115

Heian sandan

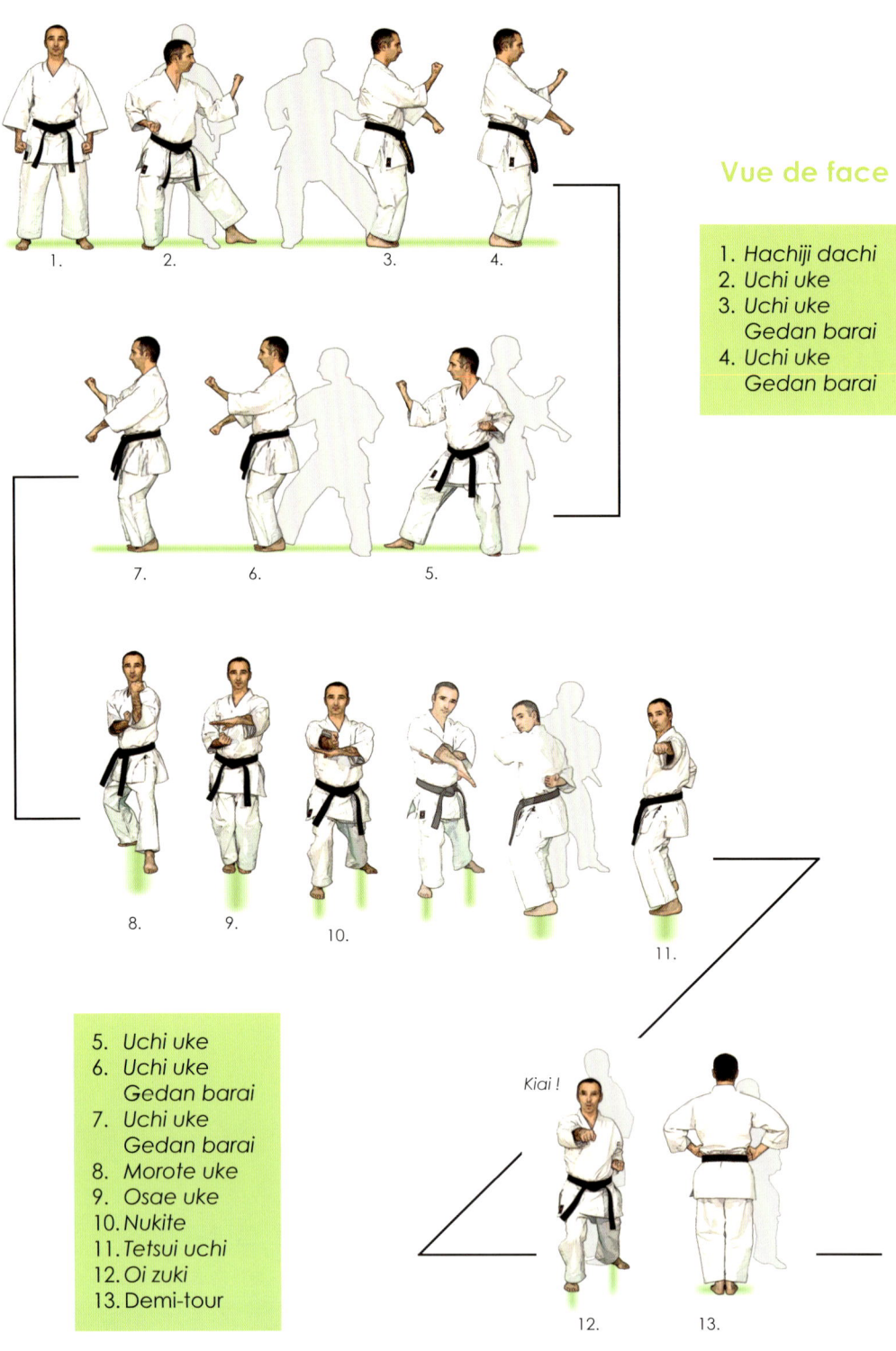

Vue de face

1. Hachiji dachi
2. Uchi uke
3. Uchi uke
   Gedan barai
4. Uchi uke
   Gedan barai
5. Uchi uke
6. Uchi uke
   Gedan barai
7. Uchi uke
   Gedan barai
8. Morote uke
9. Osae uke
10. Nukite
11. Tetsui uchi
12. Oi zuki
13. Demi-tour

Kiai !

平安三段

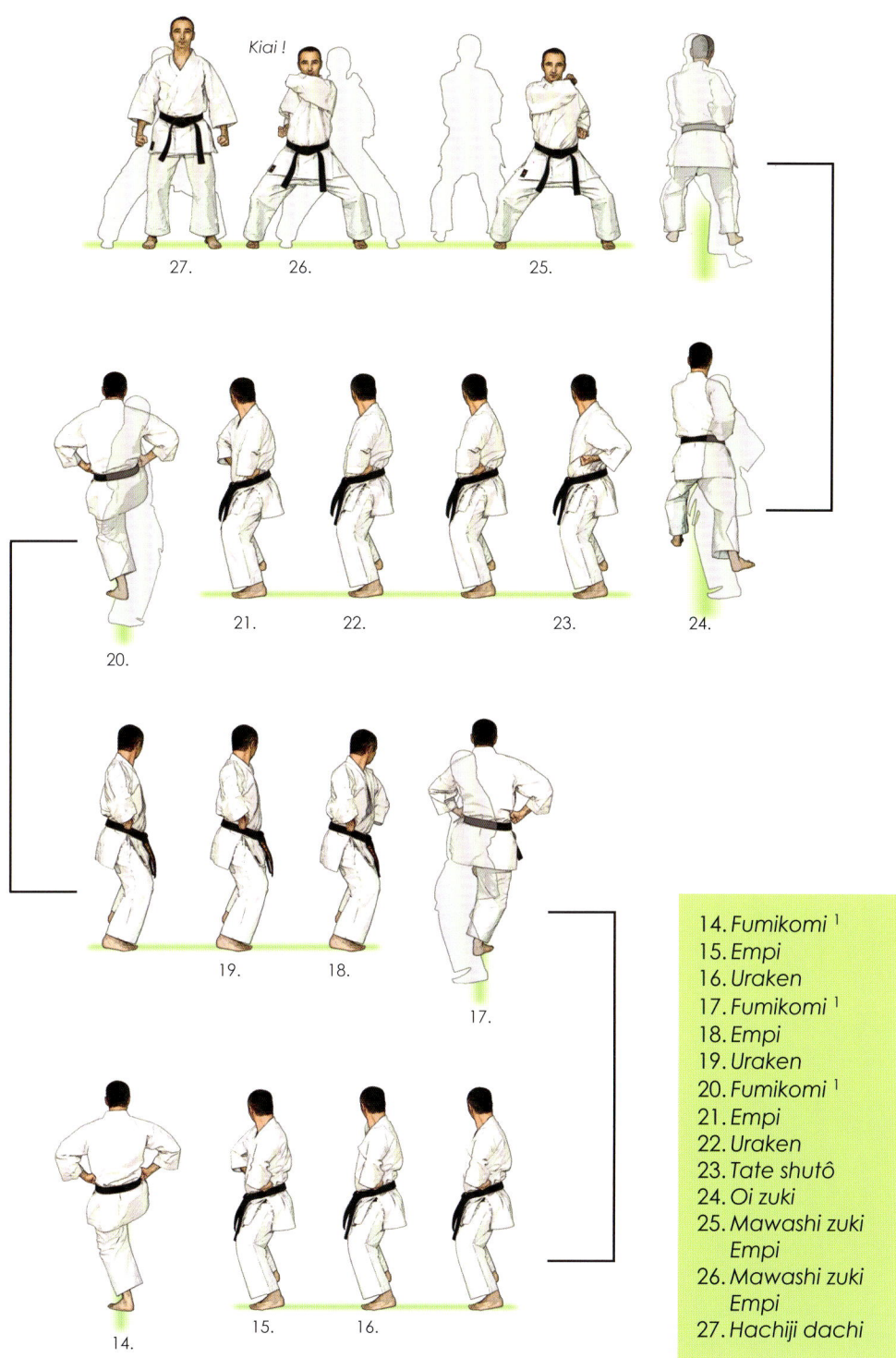

Heian sandan

14. *Fumikomi* [1]
15. *Empi*
16. *Uraken*
17. *Fumikomi* [1]
18. *Empi*
19. *Uraken*
20. *Fumikomi* [1]
21. *Empi*
22. *Uraken*
23. *Tate shutô*
24. *Oi zuki*
25. *Mawashi zuki Empi*
26. *Mawashi zuki Empi*
27. *Hachiji dachi*

Kihon ippon gumite 基本一本組み手

Kihon ippon gumite - Retour en *hachiji dachi* - Zanshin

Dix attaques : *jôdan oi zuki*, *chûdan oi zuki*, *mae geri*, *mawashi geri* et *yoko kekomi*, à droite et à gauche.

1. *Uke* sort de l'axe du *mawashi geri* et passe en *ko kutsu dachi*. Il complète son esquive avec une parade en *shutô uke*. Puis il passe aussitôt en *zen kutsu dachi* pour riposter en *nukite uchi* à la gorge. *Nukite uchi* est une pique du bout des doigts.

2. Sur une attaque en *yoko kekomi*, *uke* recule son pied droit, passe en *kiba dachi*, puis pivote sur sa jambe avant et riposte en *empi uchi* (coup de coude) à la nuque de *tori*.

J'enchaîne les rôles de *tori* et de *uke*, en restant vigilant, le regard sur l'adversaire, dans un état de *zanshin*. Après chaque attaque, je reviens en *hachiji dachi* de la manière suivante :

Tori, l'agresseur, est le premier à rompre les hostilités. Il revient à sa position de départ en *hachiji dachi*.
Tori reste mentalement dans le combat. Il doit enchaîner 10 attaques, puis prendre le rôle de *uke*.

Dans un deuxième temps, après le retour de *tori*, *uke* se met en *hachiji dachi*, et retrouve sa position de départ. *Uke* reste en *zanshin*, prêt à poursuivre le combat. Après avoir défendu 10 fois, il prendra le rôle de *tori*.

Ceinture verte   三級

Programme du passage de grade

Kata

Enfants : Heian *nidan* (orange verte) et *Heian sandan* (verte)
Ados - Adultes : *Heian shodan* ou *Heian nidan* et *Heian sandan*

Kihon ippon gumite

Cinq attaques : *chûdan oi zuki, jôdan oi zuki, mae geri, mawashi geri* et *yoko kekomi*. Mes positions sont stables, mes parades efficaces et mes ripostes contrôlées et précises.

Kihon

Ils sont composés des techniques pour la ceinture jaune, orange, verte et de quelques enchaînements. Ces derniers comprennent deux techniques sur un ou deux pas. Voici deux exemples.

Yoko kekomi avec un déplacement latéral en *kiba dachi*

Avancez en *ko kutsu dachi*, *shutô uke*   puis sur place, passez en *zen kutsu dachi, gyaku nukite*.

Je dois maîtriser :
- *zen kutsu, ko kutsu et kiba dachi*.
- les transferts du centre de gravité lors des changements de position.
- les techniques contenues dans les katas.
- les déplacements latéraux.
- la rotation des hanches sur les enchaînements de techniques.

Premiers combats

Après quelques mois d'entraînement, vous avez à affronter une nouvelle épreuve, vos premiers combats libres (*jiyû gumite*). Enfin, pas tout à fait libres car ils respectent tout de même un certain nombre de règles :

- les frappes à la gorge, au bas-ventre, aux membres supérieurs et inférieurs sont normalement interdites.
- les frappes sont plus ou moins contrôlées au corps et doivent l'être à la tête.

Avant de vous retrouver face à cette situation, vous pouvez la préparer. Quelles sont les techniques apprises, durant les cours, que vous allez utiliser ? De quelles manières ?
Cherchez à faire des enchaînements simples que vous ressentez bien. Ne vous précipitez pas et évitez les temps d'appel qui renseignent votre adversaire. Enfin, ne cherchez pas à gagner, cherchez surtout à ne pas perdre.

Voici un premier enchaînement inspiré du kata *Heian nidan* (tps 12 à 13).

1. *Uke* est en garde inverse, pied droit devant. *Tori* rabat sa main sur son autre bras pour éviter d'être contré en *gyaku zuki*.

2. *Tori* attaque en *uraken* pour faire réagir *uke* (1). Il maintient le contact sur le bras de *uke*, et enchaîne par un sursaut suivi d'un *mawashi geri* de la jambe avant au visage (2). Le coup de pied peut être porté au corps ou, avec contrôle, à l'intérieur de la cuisse si vous manquez de souplesse.

柔組み手

1. *Uke* pivote sur sa jambe avant et balaye le *mae geri* de *tori* à l'aide de son bras (1). *Tori* est déséquilibré. *Uke* riposte en *gyaku zuki* (2).

(2)   (1)

2. *Uke* passe sur sa jambe arrière et contre *tori* en *mae geri* de la jambe avant. La même technique au bas-ventre nécessite beaucoup moins de puissance.

3. *Tori* feinte avec *mae geri* (1) pour faire baisser la garde de *uke*. Il enchaîne en *mawashi geri*[1] (2).

(2)   (1)

En difficulté ?

Certains pratiquants maladroits, un peu brutaux ou peu scrupuleux profitent parfois de l'inexpérience de nouveaux pratiquants pour se mettre en valeur à bon compte. Vous serez peut-être amené à rencontrer ce genre d'individu. Que faire ?

1. Levez les mains à hauteur de votre visage pour le protéger, contractez les abdominaux et n'hésitez pas à vous déplacer.
2. Demandez-lui plus de contrôle.
3. Rappelez-lui votre peu d'expérience contrairement à la sienne. Les flatteries fonctionnent avec ce genre de personnage.
3. Si vous en avez le courage, frappez-le d'un léger *mae geri* au bas-ventre !

Pour les prochaines rencontres, vous pouvez analyser sa manière de combattre, repérer son « spécial », sa technique favorite. Enfin, demandez des conseils à un *sempai* (ancien du club) ou à votre professeur. Quoiqu'il en soit, votre objectif sera de pouvoir un jour prochain lui tenir tête en combat.

[1]. voir page 105 - Une progression technique spécifique au combat de compétition vous est proposée dans l'ouvrage du même auteur : *Karaté - Perfectionnement (*Budo Éditions).

Ma première compétition

L'inscription

Renseignez-vous auprès de votre professeur ou du président du club. Une inscription préalable est souvent nécessaire. Elle doit être confirmée auprès des officiels le jour de la compétition.

La préparation

Pour participer, vous devez posséder :

- un passeport sportif, tamponné par les instances fédérales (le comité départemental en général). Il doit contenir au minimum deux timbres de licences (vous savez, ce petit autocollant qui est fourni chaque année avec votre licence fédérale). Le passeport doit être visé en début de saison par un médecin qui certifie votre aptitude à la pratique du karaté de compétition.
- l'autorisation parentale pour les mineurs.
- les protections obligatoires, homologuées par la FFKDA. Il s'agit de protège-poings et de chaussons de pieds. Vous devez posséder cet équipement en double, l'un de couleur rouge, l'autre de couleur bleue. Vous devez aussi vous modeler un protège-dents.
- je vous recommande aussi de vous équiper avec les protections suivantes, bien qu'elles soient facultatives : des protège-tibias, une coquille pour les hommes et un protège-poitrine pour les femmes.

S'alimenter

Le jour de la compétition, vous aurez à gérer votre stress et une attente plus ou moins longue. Prévoyez quelques barres ou boissons énergétiques et de l'eau pour vous désaltérer.

La compétition 試合

Kata ou *kumite*

La compétition kata est une épreuve technique qui se déroule par catégorie d'âge.
La compétition *kumite* est une série de rencontres en combat. Elle comprend des catégories d'âge et de poids.
Les fédérations, les comités de Ligue (régions) et départementaux publient en début de saison un calendrier des compétitions qu'ils organisent.

Les coupes « club »

Elles se passent au niveau de votre club ou entre plusieurs clubs. La plus connue est la « Coupe Samouraï » qui s'adresse aux enfants.

Les coupes

Elles sont organisées par les fédérations. Généralement, il n'y a pas de sélection pour y participer.

Les championnats de France

Ils sont organisés par la Fédération française de karaté. Ils débutent au niveau départemental. Les premiers (2 ou 4) se qualifient pour l'épreuve suivante en Ligue, puis en inter-région (uniquement en *kumite*) enfin pour la phase finale qui détermine les champions de France !

« *Atoshi baraku* »
(Encore un peu de temps - 10 sec. de la fin du combat)

Compétition *kumite*

Critères de jugement

Pour être comptabilisée une technique doit les respecter.

- Potentiel d'efficacité de la technique
- Vigilance.
- Bon « timing ».
- Distance correcte.

Si l'un de ces critères n'est pas présent, l'arbitre n'accorde pas de point.

Infraction de catégorie 1

Les pénalités

Lorsque vous effectuez une action interdite, vous êtes averti trois fois, puis disqualifié la quatrième fois.

Il existe deux catégories de pénalités.

Catégorie 1 : Contact

Contact excessif, techniques main ouverte au visage, attaques aux bras, aux jambes ou aux articulations, projections dangereuses.

Catégorie 2 : *jogai* et techniques interdites

Simuler une blessure, sortir de l'aire de combat (*jogai*), fuir le combat, saisir l'adversaire sans exécuter une technique, lutter, pousser, provoquer, faire preuve de non-combativité.

Les pénalités des catégories 1 et 2 ne se cumulent pas entre elles.

L'arbitre annonce une série de trois avertissements (*chukoku, keikoku, hansoku chui*) puis la disqualification (*hansoku*).

Infraction de catégorie 2

試合組手

Le premier compétiteur appelé porte la ceinture rouge (aka). Il est à la droite de l'arbitre principal. Le second porte une ceinture bleue (ao).

« Ao jodan zuki yuko »
(Bleu, 1 point pour un *tsuki* au visage)

Les techniques de poing et de main valent 1 point (yuko).

« Ao chudan geri waza-ari »
(Bleu, 2 points pour un coup de pied)

Les techniques de pied au corps valent 2 points (waza-ari).

« Aka ippon »
(Rouge, 3 points)

Les coups de pied au visage et les techniques sur un adversaire au sol valent 3 points (ippon).

Compétition kata

La compétition individuelle

- À l'appel, allez à la table des juges pour annoncer votre kata.
- Puis, à votre tour, présentez-vous devant la zone de compétition.
- Saluez puis avancez de 4 à 6 pas.
- Saluez, annoncez votre kata puis passez en *hachiji dachi*.
- Exécutez votre kata.
- Revenez en *hachiji dachi* puis saluez.
- À la fin, les deux compétiteurs reviennent sur le tapis pour le résultat.

Aka (rouge) présente son kata en premier.

Ao (bleu) attend son tour...

Finale de l'Open de Paris 2012, entre les deux compétitrices japonaises.

Catégories d'âge

Il existe de nombreuses catégories qui varient selon l'âge et le sexe des compétiteurs. Vous pouvez trouver les catégories qui vous intéressent en demandant à votre professeur ou en allant consulter les sites internet des différentes fédérations à la rubrique compétitions.

La compétition par équipe

Elle se déroule de la même manière que la compétition individuelle. Une équipe est composée de trois compétiteurs. En finale, après le kata, une épreuve supplémentaire est demandée aux deux équipes : le *bunkai*. Il s'agit de présenter les applications avec partenaires des mouvements contenus dans le kata.

L'équipe rouge (*aka*) attend.

Un jury composé de cinq juges détermine le vainqueur. Chaque juge lève un drapeau rouge ou bleu.
Le compétiteur ou l'équipe qui obtient trois drapeaux de même couleur ou plus a gagné.

L'équipe bleue (*ao*) durant le *bunkai*.

Critères de jugement

Le juge choisit pour vainqueur le compétiteur qui :
- est le plus stable.
- a donc les meilleures positions.
- respecte au mieux la forme technique (les conseils techniques présentés dans ce livre).
- dégage le plus de puissance (à partir de minime).

La synchronisation est importante en compétition par équipe.

À Tokyo en 2008, l'équipe de France devient, pour la première fois, championne du monde kata en battant en finale l'équipe japonaise.

www.budo.fr

Éditeur :
BUDO ÉDITIONS
77123 Noisy-sur-École, France

Imprimé par :
BOOK PARTNERS CHINA, LTD
Chine

Dépôt légal : 4e trimestre 2014